Zehlendorf

LIEBE LESERINNEN UND LESER,

wir wollen Ihnen mit diesem Buch Informationen und Anregungen geben, um Ihnen das Leben zu erleichtern oder Sie zu inspirieren, Neues auszuprobieren. Wir achten bei der Erstellung unserer Bücher auf Aktualität und stellen höchste Ansprüche an Inhalt und Gestaltung. Alle Anleitungen, Übungen oder Rezepte werden von unseren Autoren, jeweils Experten auf ihren Gebieten, gewissenhaft erstellt und von unseren Redakteur*innen mit größter Sorgfalt ausgewählt und geprüft.

Haben wir Ihre Erwartungen erfüllt? Sind Sie mit diesem Buch und seinen Inhalten zufrieden? Wir freuen uns auf Ihre Rückmeldung. Und wir freuen uns, wenn Sie diesen Titel weiterempfehlen, in Ihrem Freundeskreis oder bei Ihrem Online-Kauf.

Sollten wir Ihre Erwartungen so gar nicht erfüllt haben, tauschen wir Ihnen Ihr Buch jederzeit gegen ein gleichwertiges zum gleichen oder ähnlichen Thema um.

KONTAKT ZUM LESERSERVICE

GRÄFE UND UNZER VERLAG
Grillparzerstraße 12
81675 München
www.gu.de

IMPRESSUM

unum

unum ist eine eingetragene Marke der GRÄFE UND UNZER VERLAG GmbH, www.gu.de

ISBN 978-3-8338-8503-7
3. Auflage 2022

Projektleitung:
Clea von Ammon
Lektorat:
Annette Gillich-Beltz
Bildredaktion: Nele Schneidewind, Simone Hoffmann
Umschlaggestaltung und Layout: ki36, Editorial Design, München, Daniela Hofner
Herstellung: Petra Roth
Satz: Uhl + Massopust, Aalen
Repro: LUDWIG:media
Druck und Bindung:
Livonia Print, SIA

GRÄFE UND UNZER

Ein Unternehmen der
GANSKE VERLAGSGRUPPE

Umwelthinweis

Nachhaltigkeit ist uns sehr wichtig. Der Rohstoff Papier ist in der Buchproduktion hierfür von entscheidender Bedeutung. Daher ist dieses Buch auf PEFC-zertifiziertem Papier gedruckt. PEFC garantiert, dass ökologische, soziale und ökonomische Aspekte in der Verarbeitungskette unabhängig überwacht werden und lückenlos nachvollziehbar sind.

Bildnachweis

Cover-Illustration: All About Human Design GmbH
Autorenfoto: Bibi Radossi
Alle Grafiken im Innenteil: All About Human Design GmbH

Syndication:
www.seasons.agency

Wichtiger Hinweis

Die Gedanken, Methoden und Anregungen in diesem Buch stellen die Meinung bzw. Erfahrung der Verfasserin dar. Sie wurden von ihr nach bestem Wissen erstellt und mit größtmöglicher Sorgfalt geprüft. Jede Leserin, jeder Leser ist jedoch für das eigene Tun und Lassen auch weiterhin selbst verantwortlich. Weder Autorin noch Verlag können für eventuelle Nachteile oder Schäden, die aus den im Buch gegebenen Hinweisen resultieren, eine Haftung übernehmen.

Christian Simon

ZEHLENDORF

Zwischen Idylle und Metropole

BeBra Verlag

Bibliografische Information der Deutschen Nationalbibliothek
Die Deutsche Nationalbibliothek verzeichnet diese Publikation in der Deutschen Nationalbibliografie; detaillierte bibliografische Daten sind im Internet über http://dnb.d-nb.de abrufbar.

Bei Fragen zur Produktsicherheit wenden Sie sich bitte an herstellung@bebraverlag.de

3., geringfügig überarbeitete Auflage

Asternplatz 3, 12203 Berlin
post@bebraverlag.de
Umschlag: Ansichtssache, Berlin
Satz: typegerecht, Berlin
Schrift: Documenta 10/13 pt
Gedruckt in der EU
ISBN 978-3-8148-0247-3

www.bebraverlag.de

INHALT

VORWORT 7

WIE ALLES BEGANN
Ein eisiger Anfang 9
Kleine Wüstlinge 10
Die Entstehung der Dörfer 12
Reformation – und immer wieder Krieg 15

MODERN UND MONDÄN
Ein Stein- und ein Schienenweg 18
Kurfürstliche und königliche Bauten 21

ZEHLENDORF – VOM DORF ZUM VORORT
Die Anfänge 34
Zehlendorf nimmt städtischen Charakter an 39

DIE VILLENKOLONIEN
Attraktive Wohnlagen im Grünen 53
Wannsee 54
Nikolassee 69
Schlachtensee 76
Dahlem – Villenkolonie und Wissenschaftsstandort 80
Zehlendorf-West 98

DER ERSTE WELTKRIEG UND DIE GRÜNDUNG GROSS-BERLINS
Zehlendorf während des Ersten Weltkrieges 102
Groß-Berlin 103
Der Wohnungsbau 105
Das Strandbad Wannsee 110
Öffentliche Bauten 111

ZWEITER WELTKRIEG UND NATIONALSOZIALISMUS
Zehlendorf unterm Hakenkreuz 113
Öffentliche Bauvorhaben 116
Wo die NS-Prominenz wohnte 120
Wo die Widerstandskämpfer wohnten 127
Das Kriegsende 133

NEUBEGINN NACH 1945
Zehlendorf wird amerikanisch 134
Die Standorte der US-Army damals und heute 137
Die Domäne Dahlem 145
Die Freie Universität Berlin 146

ZEHLENDORF IM GETEILTEN BERLIN UND NACH DER WIEDERVEREINIGUNG
Exklaven, Mauern und Agenten 150
Die Glienicker Brücke 156
Streiflichter durch das Baugeschehen 157
Das diplomatische Viertel in Dahlem 162

ANHANG
Anmerkungen 167
Quellenverzeichnis 168
Abbildungsverzeichnis 171
Danksagung 172

DER AUTOR 173

VORWORT

Weder dem Verlag noch dem Autor ist es entgangen, dass die seit 1920 eigenständigen Bezirke Steglitz und Zehlendorf 2001 fusionierten. Aber als ich 1997 ein Buch über die Geschichte von Steglitz schrieb, war dieser Zusammenschluss noch nicht abzusehen. Und da die erste Ausgabe verkauft war, kam es 2012 zu einer aktualisierten Neuauflage. So lag es nahe, nun auch dem Teilbezirk Zehlendorf einen eigenen Band zu widmen.

Steglitz und Zehlendorf getrennt zu behandeln, macht auch deswegen Sinn, weil die Dahlemer zu den Lankwitzern und die Lichterfelder zu den Wannseern kaum Bezüge haben – und umgekehrt ist das wohl genauso.

Der grüne Südwesten Berlins zeichnet sich nicht nur durch viel Wald und Wasser aus. Diejenigen, die es sich leisten konnten, bauten seit 1863 in Wannsee und seit 1901 in Dahlem ihre repräsentablen Villen. Die Filmstars der UFA schätzten die Nähe zu den Studios in Babelsberg und die Wissenschaftler die Kaiser-Wilhelm-Institute vor ihrer Haustür.

Auch die Nazis und ihre Gegner bevorzugten die exklusiven Wohnlagen in Schlachtensee und Nikolassee, ebenso wie die West-Berliner künstlerische und politische Gesellschaft.

Die Nachkriegszeit rückte Zehlendorf von einer administrativen Stadtgrenze an eine martialisch gesicherte Staatsgrenze. Die berühmte Glienicker Brücke war militärisch gesperrt und allenfalls ein Schlupfloch für abgeschobene Agenten. Und den lästigen Kontrollpunkt Dreilinden/Drewitz für den Transitverkehr ins Bundesgebiet wird wohl kein West-Berliner vergessen haben.

Die Grenzen sind weg, die Alliierten auch, dafür wurde Dahlem zum Wohnsitz des Bundespräsidenten und viele Länder wählten diesen Ortsteil als Standort für ihre Botschaften und Residenzen. Die Schlösserlandschaft in Wannsee und Potsdam bildet wieder eine Einheit, weil die Glienicker Brücke nicht mehr trennt, sondern verbindet.

Teltower Damm, Ecke Kirchstraße, nach 1933.

Auch Spaziergänge durch die Wälder und Dampferfahrten auf der Havel enden nicht mehr an einer lebensgefährlichen Grenze.

In diesem Buch wird Zehlendorf in seinen heutigen Grenzen beschrieben. Zur besseren Orientierung werden die aktuellen Straßennamen und Hausnummern genannt.

Christian Simon

WIE ALLES BEGANN

Ein eisiger Anfang

Der Berliner Raum war von mindestens drei Eiszeiten betroffen. Die letzte Eiszeit begann vor ca. 115.000 Jahren. Der maximale Eisvorstoß reichte vor etwa 20.000 Jahren bis zur Linie der heutigen Städte Flensburg, Hamburg, Ahrensburg, Havelberg, Luckenwalde und Guben. (Zur zeitlichen Orientierung: Die südlich der Gletscherzone lebenden Neandertaler starben vor ca. 30.000 Jahren aus.)

Vor rund 12.000 bis 14.000 Jahren begann das Eis abzuschmelzen, in dieser Zeit bildete sich allmählich die heutige Oberflächengestalt heraus. Das Ende der Eiszeit verlief aber nicht gleichmäßig, neben Haltephasen gab es auch kurzfristige Vorstöße. Von Nordwesten her vorstoßende Gletscher, die mit ihrer Vorderkante im heutigen Havelbett lagen, schoben Geröll und Erdmassen vor sich her. Noch heute erheben sich die so entstandenen Havelberge bis auf 97 Meter Höhe mit Steilhang am Ostufer der Havel. Im Düppeler Forst in Wannsee haben sich die Schuttkegel erhalten, die wir heute als Böttcher-Berg (66 Meter), Hirschberg (90 Meter) und Stolper Berge (96 Meter) kennen. Die höchste natürliche Erhebung ist aber der Schäferberg mit 103 Metern. Ein Salzlager aus dem Erdmittelalter drückt die eiszeitlichen Schichten zusätzlich hoch. Den Berg erkennt man weithin an dem 212 Meter hohen Fernmeldeturm auf der Spitze, der zwischen 1961 und 1964 gebaut wurde. Von hier aus werden Telefonverbindungen sowie diverse Hörfunk- und TV-Programme übertragen.

Die Schmelzwässer spülten längs durch den Grunewald eine Schmelzwasserrinne aus, die wir heute als Grunewaldseenkette kennen: In Charlottenburg-Wilmersdorf beginnt der Graben mit dem Lietzensee, dem Halensee, Koenig- und Dianasee, dem Hundekehlesee und Hundekehlefenn sowie dem Grunewaldsee. Auf Zehlendorfer Gebiet setzt sich die Rinne mit dem Langen Luch, dem Riemeisterfenn, der Krummen Lanke, dem Schlachtensee, der Rehwiese und dem Nikolassee fort, von wo eine Verbindung zum Wannsee bzw. zur Havel besteht.

Kleine Wüstlinge

Im 13. Jahrhundert existierte am Ufer der Krummen Lanke das Dorf »Crum(m)ense(e)«. In den Jahren 1935 bis 1939 geborgene Keramik deutet auf eine slawische Gründung hin. Grabungen förderten neben Münzen, Schmuck und Werkzeugen die Reste einer Doppelpalisade und eines ovalen Hauses zu Tage. 1251 verkauften die Markgrafen Johann I. und Otto III. das Dorf an das Kloster Lehnin. Das scheint aber ein schlechtes Geschäft gewesen zu sein, denn im Landbuch Karls IV. von 1375 ist es nicht mehr verzeichnet, vermutlich weil es aufgegeben werden musste. Für ertragreichen Ackerbau war das Grunewaldgebiet auch zu sandig. Die Einwohner mussten wohl nach Zehlendorf umziehen, möglicherweise war diese Umsiedlung sogar der Anfang des Dorfes Zehlendorf. Dass das Seeufer schon viel früher besiedelt war, belegen ein Gräberfeld und Funde von Werkzeugen aus der Zeit um 2000 v. Chr.

Weitere Gräberfelder – vermutlich aus der Zeit 450 v. Chr. bis zum Ende des 1. Jahrhunderts v. Chr. – fand man in der Roonstraße 5–7 und an der Leo-Baeck-Straße 8–15. Bereits 1903 entdeckte man Urnen aus demselben Zeitraum an der Podbielskiallee/Kaiser-Wilhelm-Platz.

Am Südufer des Schlachtensees gab es auch eine später aufgegebene Siedlung namens »Slatdorp«. Sie wurde 1242 erstmals urkundlich erwähnt (»villa Slauicali, que Slatdorp digitur, et duobus stagnis Slatse et Tusen«) und 1965 archäologisch nachgewiesen.

Darüber hinaus belegen ältere Karten und mittelalterliche Scherbenfunde die Existenz der Ansiedlung »Alter Hof« südöstlich der Pfaueninsel im Jagen 95. Seine Bewohner zogen vermutlich in die Siedlung Newedorf (Neues Dorf), die etwa im 13. Jahrhundert an der Stelle der heutigen Gaststätte Schwedenpavillon lag. Der Ort Damsdorf in Kohlhasenbrück wurde wahrscheinlich um 1200 in der Bäkeniederung gegründet und ging etwa Mitte des 14. Jahrhunderts in der Feldmark von Stolpe auf.

Eine um 1170 gegründete Siedlung unbekannten Namens befand sich am Machnower Krummen Fenn. Der palisadenbewehrte Kontrollpunkt an einer Handelsstraße zwischen Teltow und Spandau bestand aus 14 bis 16 Höfen. Nachdem die Siedlung um 1220/30 wieder aufgegeben worden war, geriet sie sieben Jahrhunderte lang in Vergessenheit. Aber nachdem man am 18. September 1941 in einem Bomben-

Museumsdorf Düppel, 1983.

trichter Tonscherben aus dem 13. Jahrhundert gefunden hatte, legten Archäologen an der Clauertstraße 11 seit 1967 die Reste dieser mittelalterlichen Siedlung frei. Seit 1971 wurde das Dorf als Museumsdorf Düppel rekonstruiert, indem 15 Häuser mit damals üblichen Techniken und Hilfsmitteln errichtet wurden. Ackerpflanzen und Nutztiere wurden so gekreuzt, dass man sie allmählich in ihre Urform »zurück züchtete«. Obwohl sich das Museumsdorf großer Beliebtheit erfreut, brannten politische Wirrköpfe 1979 und 1985 einige der Gebäude nieder: Das Museumsdorf verherrliche die Slawengeschichte und begünstige »polnische Subversion«, so die Brandstifter.

Weitere Siedlungen befanden sich am Tränkepfuhl zwischen Krummem Fenn und Rathaus Zehlendorf (etwa zwischen 1200 und 1220), am Pechüler Pfuhl und einem ehemaligen See an der Pacelliallee/Ecke Im Dol. Bei einer Ansiedlung Im Schwarzen Grund handelt es sich möglicherweise nur um einen Teerofen. Eine weitere Siedlung soll auch am Südwestende des Grunewaldsees existiert haben.

Die etwa zwischen 1250 und 1300 zu beobachtende Wüstungsphase (Aufgabe der Siedlungen) führte möglicherweise zur Gründung von Zehlendorf, wo die Bewohner mehrerer aufgegebener Dörfer im Rahmen einer Ortszusammenlegung neu angesiedelt wurden.

Neben diesen Siedlungen zeugen viele Funde von vorzeitlichen menschlichen Aktivitäten. Dabei handelt es sich hauptsächlich um frühdeutsche oder slawische Keramik, Scherben, Bronzemünzen und Feuersteinabschläge aus verschiedenen Epochen. An Werkzeugen konnten meist Steinäxte oder Beile geborgen werden. Leider sind etliche dieser Funde heute verschollen.

Die Entstehung der Dörfer

Die deutsche Ostkolonisation

Im Zuge der Völkerwanderung besiedelten die Slawen im 6. Jahrhundert von Osten her die Mark Brandenburg. Verbliebene Germanen wurden assimiliert. Um 930 eroberte der deutsche König Heinrich I. u.a. Spandau, aber durch den Slawenaufstand 983 wurden die Deutschen wieder zurückgedrängt. Doch seit 990 betrieb man die Wiedereroberung der Gebiete zwischen Elbe und Oder.

Im Jahre 1157 besetzte schließlich der Askanier Albrecht der Bär die Mark Brandenburg. Seine Urenkel Johann I. und Otto III. erwarben um 1230 auch das heutige Zehlendorfer Gebiet. Kurz darauf kam bereits die erste deutsche Siedlerwelle aus dem Westen und dem Süden Mitteleuropas. Ein sogenannter Locator verpflichtete sich gegenüber dem Markgrafen, die künftige Dorfflur an die Ansiedler zu vergeben, die er anwerben musste. Dafür erhielt er das Schulzenamt und ein Zehntel der Gemarkung als abgabefreien Grundbesitz.

Die neuen Siedler mussten den Wald roden, Häuser bauen und Äcker kultivieren. Neue Straßen- und Angerdörfer wurden angelegt oder bestehende slawische Siedlungen erweitert.

Aus dem 13. und 14. Jahrhundert gibt es erste schriftliche Erwähnungen der vier Dörfer, die die Keimzellen des späteren Bezirks Zehlendorf waren und 1920 in Berlin aufgingen. Es handelt sich dabei hauptsächlich um Urkunden, die einen Besitzerwechsel dokumentierten.

Standbild der Markgrafen Johann I. und Otto III., von Max Baumbach 1900 für die Berliner Siegesallee geschaffen, hier in der Zitadelle Spandau, 2009.

Zehlendorf

Das erstmals 1242 erwähnte »Cedelendorp« entstand möglicherweise um 1220 als »Auffangsiedlung« für die Einwohner der älteren, wüst gefallenen Dörfer ringsum. Entweder war es eine völlige Neugründung oder die Erweiterung einer bereits bestehenden Siedlung. Der Ursprung des Namens ist nicht eindeutig geklärt. Einer Erklärung nach leitet er sich vom wendischen Wort »selény« für »grün« her. Demnach hieße Zehlendorf eigentlich Gründorf. Eine andere Deutung bringt den Ortsnamen mit dem »Zeideln« (ausschneiden der Honigwaben) in Verbindung. Es ist allerdings zweifelhaft, ob Bienenzucht zum Zeitpunkt der Gründung Zehlendorfs in der Mark Brandenburg schon so hoch entwickelt war, dass man gleich ein ganzes Dorf danach benannt hätte.

Die Urenkel Albrecht des Bären Johann I. und Otto III. verkauften das Dorf 1242 an das Kloster Lehnin. Als die Zisterzienserabtei 1542 im Zuge der Reformation aufgelöst wurde, fiel das Dorf nach genau 300 Jahren wieder in landesherrlichen Besitz zurück. Ein Gutshof eines adligen Großgrundbesitzers entwickelte sich in Zehlendorf nicht.

Zehlendorf heißt auch ein Ortsteil der Stadt Oranienburg und einer der Gemeinde Kuhs im Landkreis Rostock.

Schönow

Das kleine, um 1200 gegründete Sackgassendorf Schönow wurde erstmals 1299 erwähnt, als es wie Stolpe in den Besitz des Bischofs von Brandenburg überging. Der Name des Ortes geht vermutlich auf die im Westen Deutschlands wegen ihrer schönen Auen vielfältig vorhandenen »Schönaus« zurück. Die Bezeichnung könnte auf dieses Dorf übertragen worden sein. Andere deuten den Namen (Schonowe) als »vom Wasser umflossenes fruchtbares Land«. Ein weiteres Schönow liegt bei Bernau.

Stolpe

Man geht heute davon aus, dass Stolpe von dem slawischen Stamm der Heveller im ersten nachchristlichen Jahrtausend gegründet wurde. Daher könnte sich der Name vom altslawischen Wort »stlŭpŭ« für »Pfahl«, »Pfosten«, »Säule« oder »Ständer« herleiten, also vom »Fischständer im Fluss« zum Fischfang. Das Dorf nördlich des Stölpchensees wurde erstmals 1299 als »Slavica Stolpe« urkundlich erwähnt, als es wie Schönow bis zur Reformation in den Besitz des Bischofs von Brandenburg überging. Der Name Stolpe kommt sehr häufig vor, allein viermal in Mecklenburg-Vorpommern und zweimal in Schleswig-Holstein. In Brandenburg heißt je ein Ortsteil von Angermünde und Hennigsdorf sowie ein Fluss in Pommern so.

Dahlem

Das vermutlich von deutschen Siedlern aus der Altmark wahrscheinlich Mitte des 13. Jahrhunderts gegründete Dorf wird im Landbuch Kaiser Karls IV. von 1375 erstmals als »Dalm« urkundlich erwähnt, allerdings nur im Register. Dahlem war zu jener Zeit, anders als Zehlendorf, Schönow und Stolpe, nicht in kirchlichem Besitz, sondern gehörte der Familie von Milow, ab 1483/84 der Familie von Spiel. Der Gutshof der Grundherren ist der Vorläufer der späteren »Domäne Dahlem«. Der Ortsname leitet sich wahrscheinlich vom übertragenen Ortsnamen »Talheim« her. Es gibt noch je ein Dahlem bei Bitburg in Rheinland-Pfalz, im Kreis Euskirchen in Nordrhein-Westfalen und in der Gemeinde im Landkreis Lüneburg in Niedersachsen.

Deckengemälde im Rathaus Steglitz, Leiden des Dreißigjährigen Krieges.

Reformation – und immer wieder Krieg

Am 18. April 1539 beschlossen zehn Adlige in Teltow, darunter die Familie von Spiel, zu deren Besitz Dahlem und Steglitz zählten, und Christoph von Berne zu Schönow, am 1. November zum protestantischen Glauben zu konvertieren. Sie bestärkten damit den zögerlichen brandenburgischen Markgrafen Joachim II., ihrem Beispiel zu folgen. Somit hatten auch die Untertanen und die Dorfgeistlichen den neuen Glauben anzunehmen.

Allerdings wohnte der Zehlendorfer Pfarrer seit der Reformation in Teltow und nach dem Dreißigjährigen Krieg in Gütergotz (seit 1937 Güterfelde), weil das Zehlendorfer Pfarrhaus »vergangen« war, wie es alte Urkunden ausdrücken. Damit war die Zehlendorfer Kirchengemeinde bis 1859 Filiale von Gütergotz. Schönow war spätestens 1545 eine Filiale von Teltow, da ein eigener Kirchbau nirgends verzeichnet ist. Stolpe erhielt erst 1469 eine kleine Kirche aus Fachwerk, in der die Pfarrer der Potsdamer Nikolaikirche in der Regel einmal im Monat – und dies meist widerwillig – Gottesdienste abhalten mussten.

Zwar wurden im 18. Jahrhundert Erweiterungen vorgenommen, doch musste das Kirchlein wegen Einsturzgefahr 1854 abgebrochen werden.

Seine zentrale Lage wurde Zehlendorf im Dreißigjährigen Krieg (1618–1648) zum Verhängnis. Die Truppen zogen plündernd und brandschatzend über die sich hier kreuzenden Heer- und Handelsstraßen von Potsdam und Teltow nach Spandau und Berlin. Flucht, Hunger und Krankheiten wie die Pest 1626, 1631 und 1638 dezimierten die Bevölkerung. Als der Krieg mit dem Westfälischen Frieden endete, waren weite Teile der Mark verwüstet und Bauernhöfe verwaist.

In Zehlendorf verblieben nur ein Bauer und ein Kossät. Lebten 1624 noch 160 Einwohner dort, waren es 1648 nur noch 15. Bereits während des Krieges vergab man ungenutzte Höfe, vor allem an Neusiedler aus Dahlem und Schönow. In Dahlem waren alle Höfe wüst, nur der 33-jährige, im Ort geborene Gürge Paul bewohnte als Alteingesessener noch seinen Hof. Die Dahlemer Gutsherrenfamilie von Spiel verlor fast ihr gesamtes Vermögen und musste das Gut verkaufen. In Stolpe gab es fünf Kossäten, aber keine Bauern mehr, und in Schönow mussten Hofstellen wieder aufgebaut und neu vergeben werden. Erst langsam kam das Leben in den Dörfern nach Ende des Krieges wieder in Gang. Der Frieden währte jedoch nur gut ein Jahrhundert, bevor die Dörfer im Siebenjährigen Krieg (1756–1763) wieder unter Plünderungen, Brandschatzungen und Verwüstungen litten. Im Herbst 1760 fielen die Russen (»Kosacken«) und Österreicher in Zehlendorf ein und der Pfarrer klagte: »Die Wachslichte sind spoliiret, mein Mantel ist auch weggenommen, den ich in der Kirche gehabt, die Thüren sind zerschlagen, Schlösser verdorben, der Altar zerrissen, die Kanzel ihres Zierrates beraubt ... der Taufstein aus der Erde gerissen und demoliert, die Turmuhr verdorben, und mein schwarzes Kleid zerhackt und zerschnitten.«[1]

Kaum hatte man sich von den Entbehrungen etwas erholen können, schlug Napoleon am 14. Oktober 1806 die Preußen vernichtend und zog 13 Tage später in Berlin ein. Die französischen Truppen quartierte man in den umliegenden Dörfern zwangsweise ein und die Bauern wurden genötigt, die Soldaten mit Brot, Fleisch, Gemüse, Bier und Branntwein zu versorgen. Am »24ten Oktober kam der Feind nach Zehlendorf, viele Frauen waren geflüchtet, der größte Theil aber hier geblieben, um womöglich die häusliche Einrichtung zu erhalten; allein die Einwohner wurden so mißhandelt, daß die Mehrsten schon in der Nacht ihre Häuser verlassen mußten und nun wurde alles erbrochen,

Schlacht bei Großbeeren am 23. August 1813. Gemälde von Carl Röchling.

erschlagen, ausgegraben, geschlachtet, was der Feind habhaft werden konnte … Auf der Straße, auf den Höfen und überall wurden große Feuer angemacht, in die Scheune und Ställe ging man mit brennend Holzstücke.«[2]

Nach der Niederlage gegen Russland bedrängten die zurückflutenden napoleonischen Soldaten die Dörfer erneut, dicht gefolgt von den sie verfolgenden Russen. Mit dem endgültigen Sieg über die Franzosen in der Schlacht bei Großbeeren am 23. August 1813 endete die napoleonische Vorherrschaft in Preußen. Es folgten 53 Jahre Frieden (bis 1866), aber es dauerte immerhin 132 Jahre, bis wieder russische Truppen in Zehlendorf einrückten.

Ein Stein- und ein Schienenweg

Eine staatliche Straßenbaubehörde gab es im 18. Jahrhundert noch nicht, im Gegenteil: Friedrich der Große hielt die preußischen Straßen bewusst in schlechtem Zustand, weil er sie im Kriegsfall für ein gutes Verteidigungsmittel hielt. Erst seine Nachfolger planten ein Netz von befestigten Chausseen – und prompt profitierte Napoleon davon.

Als Potsdam im 17. Jahrhundert Residenzstadt und zu Beginn des 18. Jahrhunderts Garnisonsstadt wurde, gab es ein erhöhtes Verkehrsaufkommen zwischen Berlin und Potsdam. Der König, der Hof, Beamte und Kuriere mussten mit der Straße durch Schöneberg, Steglitz und Zehlendorf vorlieb nehmen, die wir heute als Bundesstraße 1 kennen. Deren Zustand war miserabel; die Wege von Wagenrädern ausgefahren, staubig im Sommer und morastig im Herbst. Da die Fahrt mit einer Kutsche von Potsdam nach Berlin oder umgekehrt vier bis fünf Stunden dauerte, bekam Zehlendorf mit seinem Erbbraukrug (heute etwa Teltower Damm 3/Berliner Straße 2) als Pferdewechselstation Bedeutung. Bereits 1663 konnte die erste »Glienicker Brücke« als hölzerne Überquerung der Havel eröffnet werden. 1730 ließ König Friedrich Wilhelm I. den Königsweg anlegen, der ab Zehlendorf in direkter Linie auf Kohlhasenbrück zulief.

So kam es zum ersten Chausseebau in Preußen. Bereits im Herbst 1789 legte man eine »Probechaussee« zwischen Berlin und Schöneberg an. Mit Feldsteinen gepflasterte Wege dürfte es zu dieser Zeit hier und dort zwar schon gegeben haben, doch die Pflasterung einer so langen Strecke, die ingenieurmäßige Planung mit einer Unterfütterung von Kies – das war neu. Allein zwischen Zehlendorf und Steglitz mussten 11.600 Fuhren Kies angefahren werden. Die Benutzer der Chaussee hatten eine Art Maut zu zahlen, das sogenannte Chausseegeld. Abkassiert wurde an vier Stellen: in Schöneberg, in Steglitz, in Zehlendorf und an der Glienicker Brücke.

Fertiggestellt wurde die Chaussee schließlich zwischen 1793 und 1795.

Drei-Meilen-Säule (Entfernung vom Dönhoffplatz) gegenüber dem Rathaus Wannsee an der Chaussee, 2012, Kopie aus den 1930er Jahren.

Doch schon 43 Jahre später entstand parallel zur Chaussee ein neuer Verkehrsweg, über den man – statt stundenlanger Kutschfahrten – in nur 40 Minuten von Berlin nach Potsdam gelangen konnte. Als 1835 die erste deutsche Eisenbahnlinie zwischen Nürnberg und Fürth eröffnet wurde, war diese erste preußische Bahnlinie bereits in Planung. Die kürzeste Entfernung wäre eine Trasse westlich der Chaussee gewesen, dort aber war die Bebauung schon zu weit fortgeschritten. Das östliche Terrain bot mehr Platz, und so begannen hier die Arbeiten am 10. August 1837.

Bereits am 21. September 1838 konnte – nach einigen Probefahrten – der Verkehr auf dem Streckenabschnitt Potsdam–Zehlendorf aufgenommen werden. Die »Berlinischen Nachrichten« meldeten am 21. September 1838: »Gegen 12 Uhr versammelten sich die zur Fahrt selbst eingeladenen Personen, circa 400 an der Zahl, im Bahnhof bei Potsdam ... Zwei Minuten nach 12 Uhr setzte man die Locomotiven ›Adler‹ und ›Pegasus‹ mit 16 Wagen, von denen der erstere ein Musik-Corps enthielt, unter dem Donner von Kanonen und dem Jubel der Zuschauer in Bewegung. ... Die Fahrt lief ohne die geringste Störung

Nachbau der historischen Bahn zum 150-jährigen Jubiläum der Strecke.

ab, indem das schaulustige, wie das fahrende Publikum, sich den Anordnungen der Bahn-Beamten, welche sich in ihrer Uniform sehr stattlich ausnahmen, willig fügte. Auch in Zehlendorf waren Tausende von Neugierigen, zu Fuß, zu Pferde und in Wagen versammelt, welche den pfeilschnell herannahenden Zug mit lautem Jubelruf begrüßten ...«[3]

Am 29. Oktober 1838 ging schließlich die Reststrecke nach Berlin in Betrieb. Die Fahrzeit von Zehlendorf nach Potsdam betrug 20 Minuten. Heute muss man über die längere Strecke der Wannseebahn fahren, im Bahnhof Wannsee umsteigen und braucht je nach Richtung 21 bis 23 Minuten. Man ist also nach 175 Jahren immer noch nicht schneller unterwegs.

Doch die rauchenden und fauchenden Ungetüme sprühten mitunter Funken, die Brände auslösten. Prinz Friedrich Karl, dem der Düppeler Forst gehörte, klagte 1868 in einem Brief an seine Frau: »In Zehlendorf war ein Waldbrand, den die Eisenbahn angezündet (hat). ... Das Geld kann mir die Freude am Wald nicht ersetzen ...«[4]

Nachzutragen bleibt, dass Zehlendorf erst 1866 ein Bahnhofsgebäude erhielt, das jedoch schon ein Vierteljahrhundert später mit dem Bau der Unterführung 1891 ausgedient hatte.

Kurfürstliche und königliche Bauten

Jagdschloss Grunewald

Der brandenburgische Kurfürst Joachim II., dessen Regentschaft sich durch eine Anhäufung von Schulden und durch eine zeitweise bizarre Lebens- und Amtsführung auszeichnete, war Bauherr des Jagdschlosses Grunewald. Der Grundstein für das Gebäude, das nach Plänen von Caspar Theyß entstand, wurde am 7. März 1542 gelegt. Als Zugangsstraße entstand zeitgleich der Kurfürstendamm. Das Material für den Neubau ist wahrscheinlich über einen eigens angelegten Wassergraben transportiert worden, der das Gebäude dann auch bis 1709 umgab. Es ist eines der wenigen erhaltenen Renaissancebauten und der älteste erhaltene Schlossbau in Berlin.

Das Haus erhielt den Namen »Zum grünen Walde« (die Inschrift über dem Haupteingang ist noch heute zu sehen), der später auf das gesamte Waldgelände übertragen wurde, das zunächst noch Teltower Heide, Spandauer Heide oder Spandauer Forst hieß. Seit 1903 ist der Name »Grunewald« amtlich.

Einem schauerlichen Gerücht zufolge soll die Geliebte Joachims II., Anna Sydow, im südlichen Flügel des Schlosses in einem Treppenaufgang lebendig eingemauert worden sein. Es heißt, ihre Seele irre nachts als weiße Gestalt über den Grunewaldsee. Die Realität ist profaner: Nach dem Tod Joachims II. 1571 ließ sein Sohn Johann Georg die Sydow »lebendig einmauern«, indem er sie in der Spandauer Zitadelle einsperren ließ, wo sie 1575 starb.

Das Haus wurde mehrfach umgebaut und erweitert. Der Grunewald war bis 1904 Jagdgebiet der herrschenden Hohenzollern. Friedrich II. und seine Nachfolger hatten jedoch kein Interesse an der Pirsch, erst 1828 wurden die Hetzjagden auf dem Gelände wieder aufgenommen. Von einer solchen Veranstaltung, an der über 200 Reiter teilnahmen, berichtete das »Teltower Kreisblatt« am 9. November 1864: »Zur Feier des auf den 3. November fallenden St. Hubertustages wurde im Grunewald, wie alljährlich, eine große Parforcejagd abgehalten, an welcher der durchlauchtigste Gast des kgl. Hofes, Kaiser Alexander II. von Rußland, der Großherzog von Sachsen-Weimar-Eisenach und der Großfürst Constantin Theil nahmen.... Es bedurfte großer Anstregungen, ... um diesen wirklich fast überwältigenden Zudrang von Equi-

Anna Sydow.

pagen, Reitern und Fußgängern nur einigermaßen aus den Wegen und von der eigentlichen Wildbahn abzuhalten ...«

Durch das Massengemetzel gab es bald so wenige Tiere im Grunewald, dass man sie zuvor zu Hunderten in den Wald schaffen musste, damit die höfische Gesellschaft etwas zum »Abballern« hatte.

Aber es wurde nicht nur gejagt: In alten Briefen findet man Hinweise auf eine »freizügige Party«, bei der 15 Mitglieder der Hofgesellschaft nach einer Schlittenfahrt im Winter 1891 im Schloss eine Orgie feierten.

Das Schloss ist seit 1932 ein Museum, in dem Gemälde, jagdkundliche und kunstgewerbliche Gegenstände ausgestellt werden. Das Wirtschaftsgebäude beherbergt seit 1973 ein Waldmuseum mit Waldschule der Schutzgemeinschaft Deutscher Wald.

Der Grunewaldsee hieß früher nach seinen Besitzern, der Familie von Spiel, auch »Spi(e)lsee«. Er gehört heute in gesamter Ausdehnung zu Schmargendorf, während das Schloss in Dahlem liegt; die Grenze verläuft am Ufer entlang.

Jagdschloss Glienicke, 1865.

Jagdschloss Glienicke

Nachdem der Große Kurfürst Friedrich Wilhelm zwischen 1662 und 1669 schon das Stadtschloss in Potsdam hatte neu errichten lassen, kaufte er um 1678/80 das nicht weit entfernt liegende Gutsgelände Glienicke dazu. Das alte Gutshaus ließ er sich 1682 bis 1684 von Philipp de Chièze zu einem Jagdschloss umbauen. Nach späteren Nutzungen als Lazarett und Tapetenfabrik im 18. Jahrhundert sowie als Waisenhaus kaufte es Prinz Carl von Preußen 1859 für seinen Sohn Friedrich Karl und ließ es durch Ferdinand von Arnim im Stil des französischen Frühbarocks umbauen. Den weitläufigen Park gestaltete Peter Joseph Lenné zwischen 1860 und 1862. Er wurde rekonstruiert und 1987 neu eröffnet.

Nach 1918 verfiel die Anlage allmählich, bevor die Stadt Berlin 1939 Eigentümerin wurde. Erst Ernst Reuter setzte sich nachdrücklich für die Wiederherrichtung ein. Max Taut ergänzte das Gebäude 1962/63 durch eine moderne Eingangshalle. Bis 1982 war in den Gebäuden im hinteren Parkteil ein Kinder- und Jugendheim untergebracht. Heute

Der große Saal im Schloss auf der Pfaueninsel.

befinden sich an der Königstraße 36b in Wannsee eine Stätte der Internationalen Begegnung sowie das sozialpädagogische Fortbildungsinstitut von Berlin und Brandenburg.

Seit Dezember 1990 steht das Gebäude auf der Liste des Weltkulturerbes der Unesco. Ein Großbrand am 31. März 2003, verursacht durch mangelhafte Elektroinstallationen, beschädigte weite Teile des Hauses.

Pfaueninsel

Die Pfaueninsel, seit 1941 Naturschutzgebiet, bestand ursprünglich aus zwei Teilen, aus der großen Hauptinsel und einer kleineren Nordinsel, aber der schmale Wasserstreifen vermoorte im Laufe der Zeit. Die unbewaldete Nahtstelle ist noch heute durch die nasse Wiese gut zu erkennen.

Die 1680 erstmals erwähnte Havelinsel hieß zu dieser Zeit noch Kaninchen-, P(f)aueninsel oder Große Werder. Ihr Name leitet sich aber nicht von den Pfauen her, die erst 1797 auf die Insel kamen. Es handelt sich vielmehr um die mittelniederdeutsche Bezeichnung page/pau für

Das Innere des Palmenhauses auf der Pfaueninsel, Carl Blechen, 1832.

»Pferd«. 1685 richtete der Große Kurfürst dem Alchimisten Johann(es) Kunckel von Löwenstein hier ein Chemielabor ein, das aber nur vier Jahre später wieder abbrannte.

König Friedrich Wilhelm II. kaufte die Insel 1793 und ließ in den Jahren 1794 bis 1797 ein kleines Schloss und 1795 eine Meierei als künstliche Ruine von Hofzimmermeister Johann Gottlieb Brendel anlegen. Sie enthielt Wohnräume und Ställe. Außerdem entstand 1802 ein backsteingotischer Rinderstall, 1822 ein Maschinenhaus, 1824 ein Gästehaus und 1830 das von Albert Dietrich Schadow entworfene Palmenhaus, das 1880 abbrannte. 1986 wurden zwei ehemalige Palmen-Nebenhäuser neu errichtet.

Dem 1803/04 errichteten Guts- oder Kavaliershaus fügte Schinkel 1824/26 u.a. eine spätgotische Hausfassade aus Danzig ein. König Friedrich Wilhelm III. kaufte das vom Abriss bedrohte Patrizierhaus und ließ es in nummerierten Einzelteilen zur Pfaueninsel transportieren. Das Gebäude hatte zuvor angeblich seit 1360 in Nürnberg gestanden und war 1480 in Danzig neu aufgestellt worden. Eine andere Theorie besagt, dass diese Bauteile noch älter sind und ursprünglich

Blockhaus Nikolskoe in den 1950er Jahren.

aus Venedig stammen. Außerdem errichtete er am Waldrand 1829 den Königin-Luise-Gedächtnistempel mit der Büste der Königin von Rauch. Schließlich baute Schinkel 1829/30 südlich des Schlosses das Schweizerhaus, das dann Wohnhaus der Gärtner war.

Der Wald war bereits Ende des 18. Jahrhunderts gerodet und der Boden landwirtschaftlich genutzt worden, bevor die Insel von Lenné zwischen 1816 und 1822 zu einem englischen Landschaftsgarten umgestaltet wurde. Ab 1821 war auch ein Zugang für die Öffentlichkeit möglich, wenn kein Mitglied der königlichen Familie dort weilte. In dieser Zeit entstanden zahlreiche Gehege mit Tieren (Affen, Bären, Rentiere, Wölfe, Kängurus, Lamas und ein Löwe) und eine Fasanerie samt Voliere mit Raubvögeln. Der Tierbestand bildete den Grundstock für den Berliner Zoologischen Garten, wohin die Tiere 1842 überführt wurden. Lediglich die 1797 angesiedelten Pfauen sind noch ein Überbleibsel dieser Zeit.

Die Pfaueninsel ist in zwei Minuten über eine Fähre zu erreichen, die südlich der Insel eine Anlegestelle hat, um von dort aus den 50 Meter breiten Havelarm zu überqueren.

Auf einem Höhenzug an der Havel gegenüber der Pfaueninsel ließ König Friedrich Wilhelm III. von Snethlage 1819 ein Blockhaus im

Kirche St. Peter und Paul. Kolorierte Lithographie von Xaver Sandmann, um 1850.

russischen Stil erbauen. Es war ein Geschenk für seine Tochter Elisabeth Charlotte und ihren Mann, den späteren Zaren Nikolaus I. Der Name »Nikolskoe« kommt vom russischen Wort »Nikolskoje«, wörtlich »das Nikolai Gehörende«. Seit 1857 betrieb der russische Verwalter Iwan Bockow dort eine Schankwirtschaft, zunächst noch illegal. 1955 musste das Haus wegen massiven Holzbockbefalls restauriert werden. Ein durch Brandstiftung verursachtes Feuer zerstörte das Gebäude am 19. Juni 1984 fast vollständig. Dabei kamen ein Mann und ein Hund ums Leben. Das Blockhaus Nikolskoe wurde so originalgetreu wie möglich neu errichtet und am 29. November 1985 wieder eröffnet (Nikolskoer Weg 15).

Charlotte von Preußen, seit 1817 Gemahlin des russischen Zaren Nikolaus I., soll bei einem Spaziergang auf der Pfaueninsel sinniert haben, »wie schön und erbaulich es sein müsse, wenn diese Abendstille vom Glockengeläut einer am anderen Havelufer errichteten Kapelle durchtönt würde«[5]. Ihr Vater, König Friedrich Wilhelm III., ließ daher als Gutsherr die Kirche St. Peter und Paul zwischen 1834 und 1837 neben dem Blockhaus von August Stüler und Albert Dietrich Schadow errichten. Mit der Zwiebelkuppel erhielt sie einen russischen Akzent. Vom Turm erklingen tagsüber zur vollen Stunde Glockenspiele. Die in den

Niederlanden neu gegossenen 28 Glocken läuteten am 1. Advent 1985 zum ersten Mal. Bis dahin wurde die Melodie »Üb' immer Treu und Redlichkeit« vom Tonband gespielt. Es war eine Aufnahme des zerstörten Glockenspiels der Potsdamer Garnisonkirche. Außerdem ertönten »Lobe den Herren« und andere Choräle. Am 17. Mai 1994 wurde das defekte elektromechanische Walzenspielwerk durch eine elektronische Steueranlage ersetzt.

Die Kirche diente später den Bewohnern von Sakrow, Klein-Glienicke und der Pfaueninsel als Gottesdienstraum. Heute ist sie ein beliebtes Ausflugsziel, das 1982 sogar auf einer 60-Pfennig-Briefmarke abgebildet war. In der Gruft der Kirche wurde Prinz Friedrich Karl neben seinen Eltern (Vater: Prinz Karl) beigesetzt.

Neben der Kirche enstand 1837 der kleine, verwunschen wirkende Friedhof der St. Peter und Paul Gemeinde Nikolskoe. Er ist über den Weg gegenüber der Kirche, links am Forsthaus vorbei, zu erreichen (Nikolskoer Weg/Feuerwehrweg, Jagen 99). Dort sind größtenteils Bewohner und Bedienstete der Pfaueninsel (Förster, Gärtner, Kutscher, Handwerker) bestattet. Auch ein 1945 verstorbener unbekannter Soldat liegt dort begraben. Zuletzt wurden die Gräber und Gitter der Grabanlagen 1984/85 restauriert.

Schloss Klein-Glienicke

Das Schloss Klein-Glienicke samt 116 Hektar großer Parkanlage geht auf ein Landgut mit Obstgärten und Weinbergen zurück, das um 1685 angelegt wurde. 1747 kaufte Hofrat Mirow das Grundstück und ließ sich dort 1753 ein Wohnhaus errichten, ein Vorläufer des späteren Schlosses.

Nach 1764 wechselten die Eigentümer häufig. 1814 kam es in den Besitz des Staatskanzlers Karl August von Hardenberg, der Lenné mit der Neugestaltung des Gartens beauftragte. Nach dem Tod Hardenbergs 1822 erwarb Prinz Carl von Preußen am 1. Mai 1824 das Anwesen als Sommerresidenz und ließ die Gebäude und den Park von Schinkel, Persius und von Arnim zwischen 1824 und 1860 aufwändig umgestalten und ergänzen: Billardhaus (erbaut um 1747, Umbau 1826), Jägerhof (1828), Sommerresidenz (1825–1828; 1844), Kleine Neugierde (Umbau 1825), Kasino mit Pergola (1824/25), Große Neugierde sowie Löwenfontäne (1835–1837, in den 1930er Jahren versetzt), Gärtner- und Ma-

Wirtshaus Moorlake, um 1900.

schinenhaus (1836–1838), Bau eines Gewächshauses (1839), Stibadium (überdachtes Podium; 1840), Jägertor (1842), Wirtschaftshof (1843–1845) und Klosterhof mit Bauteilen eines abgebrochenen Klosters von der Insel St. Andrea della Certosa bei Venedig (1850).

Daneben gibt es Säulentrommeln des Poseidon-Tempels vom Kap Sounion aus dem 5. Jahrhundert v. Chr. und römische korinthische Kapitelle. Die Grundidee war, sich ein Stück des »sonnigen Italiens« nach Preußen zu holen: Wenn man von den Höhen auf die Havel blickte, konnte man sich der Illusion hingeben, am Golf von Neapel zu sein. Schaute man vom Stibadium Richtung Potsdam, erblickte man die Kuppel der Nikolaikirche gleich dem Blick von der Villa Medici auf den Petersdom.

Die Parkfläche war bereits 1841 durch Eingliederung königlicher Forstparzellen verdoppelt worden. Prinz Carl beauftragte die Gartenbaukünstler Pückler und Lenné mit der Anlage eines »Pleasureground« (englischer parkartiger Garten). Verschlungene Pfade sollten die oben genannten Bauten erschließen. In diesem Zusammenhang ließ sich der Prinz ein Forst- und Jagdhaus errichten, das zwischen 1841 und 1845 nach Plänen von Ludwig Persius im Stil eines Schweizer Hauses entstand. Seit 1896 ist es eine Gaststätte und heute als Wirtshaus Moorlake ein beliebtes Ausflugslokal (Moorlake Weg 6).

Als die Ausfallstraße nach Potsdam in den 1930er Jahren verbreitert wurde, kippte man den Sand rücksichtslos in die historischen Gartenanlagen. Erst zu Beginn der 1980er Jahre wurde der alte Zustand unter gartendenkmalpflegerischen Gesichtspunkten wiederhergestellt.

Nachdem die Nachkommen des Prinzen alle Baulichkeiten zwischen 1934 und 1939 an die Stadt Berlin verkauft hatten, dienten die Gebäude u.a. als Lazarett, Versehrtenheim, Hotel und Heimvolkshochschule. Seit 1978 wurden Park und Schloss restauriert.

Für Mitglieder der königlichen Familie ließ der letzte Schlossherr auf Klein-Glienicke, Prinz Friedrich Leopold, im Park etwa 350 Meter nördlich der Straße eine Grabstätte anlegen. Sie war ursprünglich für seinen Sohn, Prinz Friedrich Karl, vorgesehen, der 1917 in englischer Gefangenschaft gestorben war. Aber erst 1927 konnte der Sarg hierher überführt werden. So wurde hier zunächst 1923 Prinzessin Victoria Margarete beigesetzt. Es folgten Prinz Friedrich Sigismund (1927), Prinz Friedrich Leopold (1931), Prinzessin Marieluise (1938) und Prinz Wilhelm zu Schaumburg-Lippe (1938). Zuletzt wurde hier 1985 Marie-Luise Prinzessin Reuss bestattet.

Nicht weit entfernt steht südlich der Straße auf dem Böttcherberg die sogenannte Loggia Alexandra. Prinz Carl hatte sie 1869/70 als halbrunden, zur Schauseite hin offenen Teepavillon vom Hofbaumeister Ernst Petzholtz und Bildhauer Alexander Gilli errichten lassen. Seinen Namen erhielt das Gebäude in Gedenken an seine Schwester Charlotte, verehelichte Zarin Alexandra Feodorowna.

Jagdschloss Dreilinden und das Rittergut Düppel

Der Bau des Jagdschlosses Dreilinden und die Entstehung des Gutes Düppel stehen in Zusammenhang. Begonnen hatte alles 1772, als Friedrich II. auf seinen Fahrten zwischen Berlin und Potsdam ein ungenutztes sandiges Gelände südwestlich von Zehlendorf auffiel. Der Monarch kaufte den Bauern die 240 Morgen Land für 1.000 Taler ab. Doch die Zehlendorfer maulten, das Gebiet sei viel mehr wert. Aber der sparsame König beschied den Dorfbewohnern am 1. Dezember 1777: »Die verheißene Vergütung … für ein so schlechtes Land … ist hinlänglich genug, und können sie damit sich schon begnügen.«[6]

Friedrich II. beauftragte den Kammerrat Hubertus 1772 mit der Gründung einer Kolonie für ausgediente Soldaten nichtpreußischer

Herkunft auf diesem Gebiet. Die sogenannten Hubertushäuser waren 1776/77 bezugsfertig. Die sechs abgabefreien Höfe standen zwischen Königsweg und Potsdamer Chaussee bzw. zwischen Benschallee und Wasgensteig. In der Straße Quastheide 1 ist auf dem Gelände des Kinderheimes Lindenhof noch das letzte der Häuser aus dieser Zeit zu sehen. Heute wird es von der Verwaltung des Heims genutzt. Später nannte man die Ansiedlung Neu-Zehlendorf, die 1780 der Gemeinde Zehlendorf einverleibt wurde. 1801 wohnten hier insgesamt 37 Personen.

Der vermögende Salzschifffahrtsdirektor und Holzinspektor Friedrich Wilhelm Heinrich Bensch kaufte 1820 das Forsthaus Haidekrug mit 1.440 Morgen Wald für 30.500 Taler. Seinem Besitz gab er 1833 den Namen »Dreilinden«, nach den drei Bäumen, die einst vor dem Forsthaus standen. Der Name ist seither amtlich. Von der alten Zehlendofer Bauernfamilie Pasewaldt kaufte Bensch außerdem 1826 das Bauerngut Nr. 14 mit 845 Morgen Land für 6.000 Taler.

Am Potsdamer Königsweg 50 ließ er ein Herrenhaus errichten, jenseits des Königsweges Insthäuser und 1838/39 eine Schnapsbrennerei. Bensch nannte seinen gesamten Besitz »Vorwerk Neu-Zehlendorf«, obwohl die nahegelegene Ansiedlung der ehemaligen Hubertushäuser auch Neu-Zehlendorf hieß. Drei Jahre vor seinem Tod veräußerte er seinen Besitz an den Berliner Schnapsfabrikanten Gilka für nunmehr 70.000 Taler. Als Bensch 1858 im Alter von 77 Jahren starb, bestattet man ihn in dem Wald, der ihm einst gehörte. Das Grab gibt es noch heute: Es befindet sich, umgeben von einem kleinen Holzzaun, südöstlich der Försterei zwischen Stahnsdorfer Damm und Potsdamer Chaussee im Jagen 24.

Gilka war wohl hauptsächlich an der Schnapsbrennerei interessiert, spekulierte aber auch auf die Wertsteigerungen seines Grundbesitzes – und tatsächlich: Nach drei Jahren (also 1859) zahlte ihm Prinz Friedrich Karl (der Bruder von Kaiser Wilhelm I.) 95.000 Taler dafür. Wegen seiner Verdienste im Deutsch-Dänischen Krieg wurde seinem Besitz der Status eines »Rittergutes« verliehen. In Erinnerung an die Erstürmung der dänischen Festung Dybbøl 1864 wurde es ab dem 13. Januar 1865 Düppel genannt. Der Prinz hatte den Besitz 1859 durch Zukauf vergrößert. 1869 beauftragte er den Baumeister Nabbath, neben dem Forsthaus ein Haus im Schweizer Fachwerkstil mit umlaufenden Holzbalkonen und 16 Zimmern zu errichten, das sogenannte »Jagdschloss

Dreilinden«. Es stand etwa an der Stelle der heutigen Revierförsterei Dreilinden am Stahnsdorfer Damm 3. Der Begriff »Schloss« ist reichlich übertrieben, es handelte sich allenfalls um ein Jagdhaus oder eine kleine Villa. Am Haus soll der Spruch »Klein, aber mein« gestanden haben. Hier veranstaltete der Prinz große Gesellschaften, beaufsichtigte aber auch die Bewirtschaftung seines Waldes.

Friedrich Karl verstarb am 15. Juni 1885 im Alter von nur 57 Jahren. In den »Neuesten Mittheilungen« vom 16. Juni 1885 heißt es dazu: »Prinz Friedrich Karl war vor etwa drei Wochen nach einer dreiwöchentlichen Brunnenkur aus Marienbad zurückgekehrt und hatte seit Anfang d.M. seine Sommerresidenz in Jagdschloß Klein-Glienicke aufgeschlagen. Am Sonnabend Abend hatte er eine kleine Herrengesellschaft bei sich. Am Sonntag gegen Morgen fühlte er sich unwohl: der Schlag hatte ihn gerührt, seine linke Seite gelähmt und ihn der Sprache und des Bewußtseins beraubt. Der ärztlichen Kunst gelang es, eine kleine Besserung in seinem Befinden herbeizuführen, doch am Montag früh 10 1/4 Uhr trat der Tod ein. ... In der Nacht vom Mittwoch zum Donnerstag wird der Sarg unter militärischer Eskorte von dem Schloße Klein-Glienicke nach der Garnisonkirche überführt und dort aufgebahrt werden, und in der nächstfolgenden Nacht zum Freitag nach Nikolskoë, der Begräbnißstätte der Eltern des verewigten Prinzen, hinausgeleitet werden, um neben denselben beigesetzt zu werden, wie es der letzte Wunsch des Prinzen gewesen.«

Danach wurde es still auf seinen Schlössern, wie das »Teltower Kreisblatt« vom 29. Oktober 1885 berichtete: »Dreilinden und Glienicke, die romantischen Jagdschlösser des verstorbenen Prinzen Friedrich Karl, sind wie ausgestorben, und ein Besucher derselben schildert in der ›Voss. Ztg.‹, der wir die Notizen entnehmen, die Oede und Leere der sonst so belebten und namentlich unter den Freunden des edlen Waidwerks beliebten Orte. Die Fenster sind verhängt, die Thüren verschlossen, die Pferdeställe leer, die bekannte Meute verschwunden, nur selten sieht man einen Menschen auf den verwaisten Höfen. ... Die Pferde sind fast alle verkauft ... Einzelne Pferde werden auch in der Landwirtschaft benutzt, z.B. das Scheckengespann; auch auf dem Vorwerk Düppel befinden sich einige.«

Nachdem Düppel zunächst einen eigenen Kommunalverband gebildet hatte, gehörte es ab 1872 zum Amtsbezirk Zehlendorf. Prinz Friedrich Leopold, Sohn und Erbe von Prinz Friedrich Karl, verkaufte

Eines von vier erhaltenen Insthäusern, 2013.

seit 1894 etwa die Hälfte des Geländes an die Heimstätten-Aktiengesellschaft und an Privatpersonen. Um 1895 hatte Düppel 23 Einwohner und um 1900 acht Wohnhäuser.

Ab 1910 war Düppel Teil der neu gegründeten Gemeinde Nikolassee, weil die aufstrebende Villenkolonie auf der Düppeler Flur lag.

Die späteren Erben verkauften das Rittergut nach und nach bis 1926/27 an die Stadt Berlin. Düppel, noch zum Kreis Teltow gehörig, wurde erst 1928 nach Berlin-Zehlendorf eingemeindet.

Durch den Befall mit Schwamm und Holzbock war das Jagdschloss Dreilinden baufällig geworden und musste 1954/55 abgerissen werden.

Erhalten ist das niedrige, langgestreckte alte Herrenhaus von Bensch aus dem Jahre 1830 mit Anbauten von 1850 und 1865. Es wurde 1984 wegen Baufälligkeit gesperrt. Nach aufwandiger Restaurierung steht es seit 1989 den Veterinären der Freien Universität als Mensa zur Verfügung. Um mehr Platz zu schaffen, entstand zur Gartenseite hin ein Pavillon.

Neben der ebenfalls erhaltenen Brennerei stehen am Königsweg 49 und 51 (Baujahr vor 1863) sowie Nr. 53 und 55 (Baujahr vor 1830) noch die schon erwähnten Insthäuser, Unterkünfte für die ehemaligen Gutsarbeiter und Tagelöhner. Zu jedem Haus mit flachen Satteldächern gehört ein Stallgebäude mit Scheune und Toilettenanlage, von denen nur noch drei existieren, da der Stall von Haus Nr. 51 im Jahre 1978 abgebrochen wurde.

ZEHLENDORF – VOM DORF ZUM VORORT

Die Anfänge

Im Zuge der Stein-Hardenbergschen Reformen zu Beginn des 19. Jahrhunderts erhielten die Bauern das zuvor in Erbpacht bearbeitete Land als vererbbares Eigentum, das sie auch verkaufen konnten. Durch die Gemengelage war jeder Bauer im Besitz von Streifenparzellen, die nur in Gemeinschaft im Rahmen der Dreifelderwirtschaft bearbeitet werden konnten (Flurzwang), und so musste das Land zu Ackerflächen zusammengeschlossen werden. Diese sogenannte Separation war in Zehlendorf 1828 abgeschlossen.

Das alte Dorf Zehlendorf erstreckte sich etwa von der Mühlenstraße bis zur Scharfestraße im Norden. Von dort bis zur Dahlemer Grenze, also etwa bis zum Oskar-Helene-Heim, wurde der Bereich um die Clayallee seit 1905 durch die Zehlendorf-Grunewald AG für die Wohnbebauung erschlossen.

Schon um die Mitte des 19. Jahrhunderts begann der Ort zu wachsen: Durch die Initiative Potsdamer Immobilienhändler entstanden kleine Besitzungen entlang der Potsdamer Chaussee.

Das Gut Charlottenau, das etwa an der Machnower Straße/Bismarckstraße lag, entwickelte sich zu einer Kolonie und wurde am 29. September 1871 nach Zehlendorf eingemeindet. Das Gelände zwischen Machnower Straße und Teltower Damm wurde in den 1870er Jahren für die Bebauung erschlossen (z. B. Schrockstraße 1/Gimpelsteig von 1873). Am Gimpelsteig/Walterhöferstraße entstand 1895/96 ein Waisen- und Erziehungsheim, das man 1926 zum städtischen Hindenburg-Krankenhaus umbaute. Es ist heute das Helios-Klinikum Emil von Behring mit 507 Betten.

Die schon 1375 erstmals erwähnte Mühle stand auf einem Hügel am Südrand des Dorfes (Mühlenstraße). Sie wurde 1875 abgerissen. 1879 entstanden zwei neue Mühlen östlich des Dorfes an der heutigen Berliner Straße, etwa am Schnittpunkt mit der Sundgauer Straße und auf dem Gelände Nr. 75/Schlettstadter Straße 110. Während die erste Mühle nur etwa zehn Jahre bestand, war auch der anderen Mühle

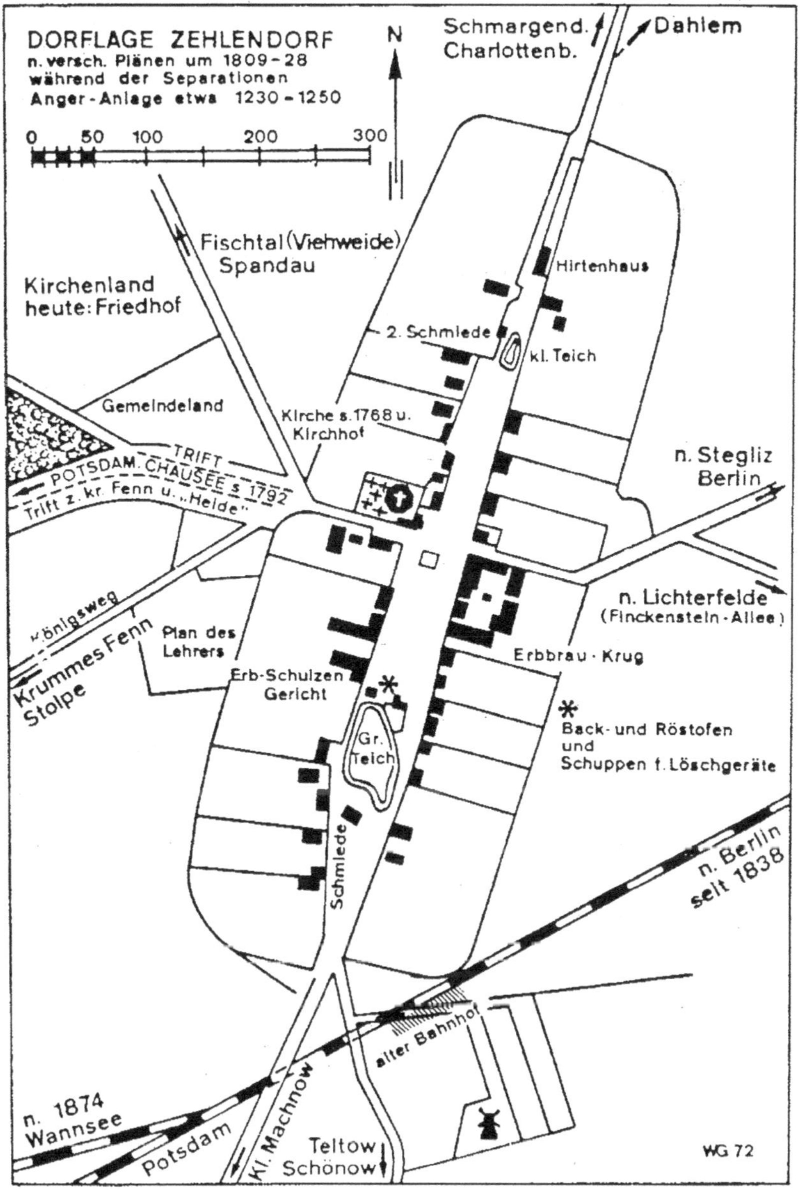

Die Zehlendorfer Dorfanlage in der ersten Hälfte des 19. Jahrhunderts, nach Separationsplänen gezeichnet von Werner Gabler, 1972.

Die Zehlendorfer Mühle, links, als sie noch Flügel hatte. Die Haube wurde abgenommen und liegt neben der Mühle, die ein provosorisches Dach hat (rechts 2013).

zunächst wenig Glück beschieden, wie das »Teltower Kreisblatt« am 23. März 1881 meldete:

»In der Nacht zum Sonntag wurde die von dem Müllermeister Radlow hierselbst erst vor Kurzem neu erbaute holländische Mühle ein Raub der Flammen. Obgleich die Zehlendorfer Spritze mit zahlreicher Mannschaft bald zur Stelle war, konnte man des Feuers, welches im Innern der Mühle wüthete, nicht Herr werden. Auch die aus den umliegenden Ortschaften herbeigeeilten Spritzen vermochten nicht Widerstand zu leisten. Ueber die Entstehungsart des Feuers verlautet nichts Bestimmtes; man vermuthet, daß es durch Reibung der inneren Theile verursacht sei. Dem Besitzer erwächst ein bedeutender Schaden, da er sehr niedrig versichert ist.«

Doch Fritz Radlow gab nicht auf und ließ sich nach Plänen von August Andres einen 15 Meter hohen Mühlenbau aus gelben Ziegeln errichten. Schon vor 1914 wurde ein Gasmotor eingebaut und 1948 noch fünf bis sechs Tonnen Getreide täglich gemahlen. Die Flügel hatte man bereits vor dem Zweiten Weltkrieg abgenommen.

Die Mühle verfiel immer mehr, bis Soldaten des 4. US-Partnerschaftsbataillons die Haube unter Leitung des Architekten Hasenberg am 21. Dezember 1982 mit einer wetterfesten Plane überspannten. Das im Privateigentum befindliche historische Gemäuer steht unter Denkmalschutz, harrt aber einer Nutzung.

Die Mühle wird übrigens als eine »holländische« bezeichnet, weil sich hier nur Flügel und Haube drehten, nicht der ganze hölzerne Mühlenkörper.

Kirchen und Friedhöfe

Die 1768 errichtete Dorfkirche (Clayallee 357) ersetzte einen Vorgängerbau, der im Siebenjährigen Krieg von österreichischen Soldaten geplündert und teilweise zerstört worden war. Der Überlieferung nach soll Friedrich der Große den Neubau befohlen haben, weil ihn die baufällige Ruine störte, wenn er nach Potsdam unterwegs war. Er spendierte sogar Bauholz und 6.000 Taler, doch der Bauleiter zweigte die Hälfte für sich ab und machte sich davon. Unter Verwendung des alten Baumaterials entstand so ein achteckiger Zentralbau, dessen Zeltdach bis 1788 ein Glockenturm krönte.

Das Kirchlein fasste knapp 300 Personen und war zunächst viel zu groß. Doch 1905 hatte Zehlendorf bereits 12.648 Einwohner. So entstand an der Kirchstraße 4–6/Martin-Buber-Straße ein Neubau im Stil der märkischen Backsteingotik, der am 1. Oktober 1905 eingeweiht wurde und seit 1912 Pauluskirche heißt. Für Katholiken wurde zwischen 1906 und 1908 an der Riemeisterstraße 2 die Herz-Jesu-Kirche gebaut.

Die Dorfkirche verwahrloste später mehr und mehr. Zwischen 1905 und 1953 konnte sie nicht mehr genutzt werden. Bis auf zwei Altarflügel aus dem 15. Jahrhundert ist von den älteren Einbauten nichts mehr erhalten.

Das älteste Grab auf dem Dorffriedhof ist das von Peter Pasewaldt aus dem Jahre 1803. Er war Landwirt und Eigentümer des Zehlendorfer Braukruges. Das Grab befindet sich nahe der linken Mauer (liegende Grabplatte). Rechts von der Kirche befindet sich ein eingezäuntes Gräberfeld der übrigen Familie Pasewaldt. Beigesetzt wurde hier auch der Lehrer und Küster Ernst Ferdinand Schäde. Das Grab liegt nahe der linken Mauer am Scheinwerfer.

Dorfkirche mit Schulhaus von 1826, später Amtshaus, heute Heimatmuseum.

1838/39 musste der Friedhof um den angrenzenden Pfarrgarten erweitert werden. Doch bald war auch dieser zu klein geworden und wurde am 20. Dezember 1894 geschlossen. Bis 1936 gab es nur noch elf Beisetzungen dort. Eine dieser Beerdigungen war die von Landgerichtsdirektor Paul Hesse, dessen liegender Grabstein sich nahe der hinteren Mauer befindet. Auch das Grab der Amme Friedrich des Großen befindet sich hier, doch ist die Stelle in Vergessenheit geraten.

Außerdem sind hier getötete Soldaten der Kriege der napoleonischen Ära bestattet. Die Friedhofsmauer stammt aus dem Jahre 1826.

Als Ersatz für den zu klein gewordenen Dorffriedhof legte man 1871/72 an der Onkel-Tom-Straße 26–30 den neuen Friedhof Zehlendorf an. Erst 1885 kamen eine Leichenhalle und die Friedhofskapelle hinzu. Die neue Feierhalle errichtete man 1930 bis 1932 nach Plänen von Erich Schwieritz. Das Gelände wurde zwischen 1905 und 1945 mehrfach erweitert. Bestattet sind hier u. a. der Berliner Arbeitssenator Paul Fleischmann, die Schriftstellerin Ingeborg Drewitz (wohnte zuletzt Quermatenweg 178), der Textilfabrikant Bernward Leineweber, der Schauspieler, Regisseur und Intendant Ernst Legal, der Architekt Paul Mebes, der Optiker Carl Ruhnke und der Verleger und Chefredakteur des »Telegrafen«, Arno Scholz. Der Schauspieler Heinrich George

Die katholische Herz-Jesu-Kirche, links die Riemeisterstraße, rechts die heutige Clayallee.

starb 1946 im sowjetischen Internierungslager Sachsenhausen und wurde erst am 16. Oktober 1994 hierher umgebettet (Feld 013/96).

Auf dem 1831 angelegten Friedhof Schönow am Teltower Damm 270 sind hauptsächlich die verstorbenen Mitglieder alteingessener Familien begraben. Auch Angehörige des Volkssturms, die 1945 den Teltowkanal verteidigten und dabei ihr Leben ließen, sind hier bestattet. Der Friedhof ist seit 1968 geschlossen.

Zehlendorf nimmt städtischen Charakter an

Zehlendorf wurde 1887 an die Leitungen der Charlottenburger Wasserwerke angeschlossen und erhielt ab 1891 Gas von der Imperial Continental Gas Association. Der Stromanschluss erfolgte 1899.

Bereits in den Jahren 1893 bis 1895 waren die ersten, oft nur ein- bis zweigeschossigen, ländlichen Wohngebäude abgerissen und durch große Mietshäuser ersetzt worden. Am Teltower Damm 34 steht heute noch das eingeschossige Haus aus der ersten Hälfte des 19. Jahrhunderts, während sich der Schlossermeister Gustav Schmidt auf dem Gelände Nr. 32 im Jahre 1894 ein dreigeschossiges Mietshaus mit reprä-

Die Adler-Apoteke am Teltower Damm 31, 1996.

sentativer Fassade errichten ließ. Nahezu zeitgleich entstand fast schräg gegenüber auf dem Grundstück Nr. 31 ein viergeschossiges Wohnhaus mit der ersten Apotheke Zehlendorfs, die bis heute existiert. Auf Nr. 22 ließ sich der Schmiedemeister August Kersten ein dreigeschossiges Mietshaus bauen. Es waren die ersten drei großen Mietshäuser im Ortskern. Um 1904 wurden die Häuser Nr. 22 und 25 errichtet, 1908 bis 1911 die Nr. 19, 20, 23 und 27. Maßgeblich dafür dürfte auch der Anschluss an die Kanalisation 1905 gewesen sein, weil die Anlage großer Senkgruben für so viele Hausbewohner entfiel. Im Parterre dieser Häuser richteten sich Geschäfte ein.

Kurz nach der Jahrhundertwende war die Bebauung auf der Ostseite des Teltower Damms und der Clayallee bis zur Zehlendorfer Welle fast vollständig geschlossen. Den Dorfanger gestaltete man zur Grünanlage um; der nördliche Dorfteich wurde 1896 zugeschüttet, der südliche 1951 beseitigt.

Vor 1914 erbauten in der Regel Kaufleute oder Handwerker einzelne Mietshäuser, die sie dann verkauften oder die Wohnungen selbst vermieteten. Zwischen 1907 und 1910 setzte eine Krise im privaten Woh-

Zuschüttung des südlichen Dorfteiches wegen Verbreiterung des Teltower Damms, 1951.

nungsbau ein. Während in den Berliner Arbeiterquartieren drangvolle Enge herrschte, kam es in den Vororten zu einem Bauboom großbürgerlicher Mietshäuser. Da aber in kurzer Zeit zu viele teure Wohnungen gebaut wurden, die sich Kleinverdiener nicht leisten konnten, standen bald viele Neubauwohnungen leer. Private Bauunternehmer, Handwerker und Lieferanten gingen bankrott.

Nach dem Ersten Weltkrieg wurde dagegen die Mehrzahl der Mietshäuser von Wohnungsbaugesellschaften errichtet. Diese Gesellschaften waren in der Lage, größere Wohnanlagen auf einen Schlag zu errichten. Durch Typisierung von Grundrissen und Bauteilen konnten Produktionsabläufe und Arbeitsvorgänge ökonomischer gestaltet werden. So wurde die Errichtung von einzelnen Mietshäusern durch kleine Handwerksfirmen zur Ausnahme, während das vorher die Regel war.

Diese Entwicklung setzte bereits vereinzelt in der Vorkriegszeit ein. Der Beamtenwohnungsverein ließ z. B. 1909/10 an der Clayallee 289/303 eine Wohnanlage für seine Mitglieder errichten. Die vier Häuser haben mehrheitlich Zwei-Zimmer-Wohnungen, ausgestattet mit Bad und Innentoilette. Der verantwortliche Architekt Paul Mebes war auch maßgeblich an der Gartenstadt Zehlendorf beteiligt, die von 1912 bis 1930 in mehreren Bauabschnitten zwischen Berlepsch- und Machnower Straße entstand. Am 1. April 1913 waren die ersten 52 Wohnungen bezugsfertig. Der zweite Bauabschnitt wurde zwischen 1919 und 1921 unter Mitwirkung von Paul Emmerlich errichtet, der 58 zweigeschossige Reihenhäuser in elf Häuserzeilen im Bereich Dallwitz-, Thür- und Radtkestraße projektierte. Der dritte Bauabschnitt entstand schließlich zwischen 1921 und 1923, der vierte Abschnitt 1930.

Damit war in Zehlendorf zum ersten Mal ein großflächiges Siedlungsprojekt entstanden, eine Entwicklung, die für die 1920er und 1930er Jahre in den Außenbezirken Berlins prägend wurde.

Große Veränderungen vollzogen sich in dem Dorf Schönow, das heute noch einige ländliche Gehöfte aufweist. Zwischen Teltow und Schönow wurde zwischen 1901 und 1906 der Teltowkanal angelegt. Er sollte überschüssiges Regenwasser ableiten, aber auch als Wasserstraße genutzt werden. Auf die Weise ersparte man sich die Fahrt durch die viel befahrenen Wasserstraßen der Berliner Innenstadt.

So gab der Kreis Teltow der Firma Havestadt & Contag den Auftrag, den Kanal zu bauen. Er wurde zwar ohne Gefälle angelegt, hat aber durch den Grundwasserstrom eine Fließrichtung zur Havel. Während der Machnower See nur gekreuzt wurde, gingen der Teltower und der versumpfte Schönower See sowie die Bäke und andere Bäche im Kanal auf.

Um die Kähne durch den Kanal zu bekommen, brauchte man einen Treidelbetrieb. Große Schiffsschrauben hätten die Kanalufer unterhöhlt und möglicherweise Abrutschungen verursacht.

Der Treidelbetrieb – den Zuschlag hatten Siemens & Halske erhalten – war angeblich Vorbild für den Schleusenbetrieb des Panamakanals und wurde in vier Strecken eingeteilt. Von der Glienicker Lake bis zur Kanalmündung am Griebnitzsee errichtete man einen etwa drei Kilometer langen Propellerbetrieb. Auf der Strecke zwischen Griebnitzsee und Machnower Schleuse übernahm eine elektrische Lok das Treideln, und von der Machnower Schleuse zum Machnower See gab es noch einmal einen ungefähr 1,5 Kilometer langen Propellerbetrieb von Schleppbooten aus. In den Seen waren Fahrrinne und Ufer so weit voneinander entfernt, dass der Betrieb mit einer Treidellok unmöglich war. Auf der etwa 28 Kilometer langen Reststrecke wurde die Treidelbahn eingesetzt, die eine Höchstgeschwindigkeit von vier Stundenki-

Bau des Teltowkanals bei Schönow 1904.

lometern erreichte. Der Treidelbetrieb wurde noch bis zum Zweiten Weltkrieg aufrechterhalten.

Am 2. Juni 1906 wurde der Kanal in Anwesenheit des Kaisers festlich eröffnet. An seinen Ufern siedelten sich bald Fabriken an. Das umfangreichste Industriegebiet liegt am westlichen Ende der Goerzallee. Es gehört seit 1938 zu Lichterfelde.

Die 1904 gegründete Zehlendorfer Eisenbahn- und Hafen AG (Zeuhag) eröffnete am 22. Oktober 1905 eine zunächst von Pferden gezogene Industriebahn vom Bahnhof Lichterfelde West in das Industriegebiet an der Wupperstraße/Goerzallee. Seit dem 9. Januar 1908 setzte man Lokomotiven ein. 1917 erwarben die Goerzwerke alle Aktien, 1927 wurde Zeiss Ikon Inhaber der Bahn. Zwischen 1918 und 1939 beförderte man auf der Strecke auch Personen. Nach dem Zweiten Weltkrieg wurden Teile der Anlage von der Roten Armee demontiert, später Teile eingeebnet. Heute ist die sogenannte Goerzbahn eine reine Industriebahn.

Als erster Betrieb siedelte sich hier 1908 die Elberfelder Papierfabrik östlich von Schönow an. 1919 stellte der Betrieb die Produktion auf Viskose-Kunstseide um. Daraufhin nannte sich die Firma »Spinnstofffabrik Zehlendorf GmbH«, kurz »Spinne«. Im selben Jahr begann man mit der Herstellung von Zellwolle. 1960 erwarb die Hoechst AG den Betrieb.

Im Jahre 1916 eröffneten die Goerzwerke, die zunächst 1897 in Friedenau optische und feinmechanische Geräte gefertigt hatten, ihre Tore. Der in den Kriegsjahren expandierende Betrieb brauchte größere Produktionsstätten und ließ sich aus diesem Grund dort nieder. 1926 übernahm die Zeiss-Ikon AG das Werk. Nach dem Zweiten Weltkrieg wurde der Industriestandort weiter ausgebaut. Zwischen Teltowkanal und Goerzallee siedelten sich Firmen wie Krone, Ford, Reese, Drendel und Zweiling sowie seit 1961 der größte Berliner VW-Händler Eduard Winter an.

Im Zusammenhang mit dem Bau des Teltowkanals eröffnete man 1907 den Prinz-Friedrich-Leopold-Kanal, der Pohle-, Stölpchen- und Griebnitzsee miteinander verbindet.

Ausbau der medizinischen Versorgung

Der berühmte Nervenarzt Prof. Dr. Bernhard Heinrich Laehr kaufte am 17. Dezember 1853 vom Teltower Kaufmann Krause ein 156 Morgen großes Grundstück in Schönow (etwa Teltower Damm 87–93). Es lag südlich des Zehlendorfer Ortsausgangs und damit nahe am Bahnhof. Dazu gehörte ein landwirtschaftlicher Betrieb namens Schweizerhof. Hier richtete er ein »Asyl zur Heilung und Pflege Nerven- und Gemütskranker gebildeter Stände weiblichen Geschlechts« ein, dessen Zentralgebäude 1854 fertiggestellt wurde. Es handelte sich um eine psychiatrische Klinik, die 80 bis 100 Frauen Platz bot. Später entstanden noch zehn Pavillons und 1857 kam eine Anstaltskirche hinzu. Der Standort wurde rund 40 Jahre später aufgegeben, der größte Teil der Anlagen in den 1950er und 1960er Jahren abgerissen. An dieser Stelle errichtete man zwischen 1966 und 1970 die John-F.-Kennedy-Schule.

Weiter südlich eröffnete Laehr am 3. Dezember 1899 die neue »Heilstätte für Nervenkranke Haus Schönow« am Teltower Damm 189–203. Sie ging 1922 pleite. Nach diversen Nutzungen, u.a. als Lazarett, Altersheim und Technikschule, eröffnete hier 1956 ein Hospital. Aus dem Krankenhaus wurde etwa 2002 das Evangelische Pflegewohnheim Schönow. Hier werden Menschen mit allen Pflegestufen betreut. Darü-

Ehemalige Heilanstalt Schweizerhof am Teltower Damm 87–93, 1964.

ber hinaus gibt es 14 Plätze für Menschen im Wachkoma, ergänzend ist eine Tages- und Kurzzeitpflege möglich.

Das Hauptgebäude sowie die Häuser Sonnenschein, Barmherzigkeit, Waldesblick und Abendfrieden stammen – teilweise verändert – noch aus der Anfangszeit von 1898.

Heinrich Laehr ließ seine 1902 verstorbene Frau auf dem privaten Klinikgelände bestatten (Schönower Park zwischen Teltower Damm und Handjerystraße). Als er selbst 1905 verstarb, wurde er neben seiner Frau beigesetzt. Das Grab sollte fortan als Ruhestätte für weitere Familienangehörige dienen. 1906 ließ man dort ein monumentales Grabmal aufstellen. Seit 1950 schützt ein hohes Eisengitter die Grabanlage, die nicht mehr zugänglich ist.

Wie der Schweizerhof südlich des Dorfes entstand rund sechs Jahrzehnte später eine weitere medizinische Einrichtung nördlich davon. Für den 1905 gegründeten »Krüppel-, Heil- und Fürsorgeverein für Berlin-Brandenburg« stiftete das Industriellenehepaar Helene und Oskar Pintsch ein Gebäude, in dem gebrechliche Kinder medizinisch versorgt, aber auch erzogen werden sollten. Das sogenannte Oskar-He-

Das Oskar-Helene-Heim an der Clayallee.

lene-Heim an der Clayallee 229 in Dahlem konnte 1914 eröffnet werden. Es gehörte bald mit 300 Betten zu den größten orthopädischen Privatanstalten für Kinder und Jugendliche in Deutschland – bis zum 27. November 2000. An diesem Tag fusionierte das Oskar-Helene-Heim mit der Zentralklinik Emil von Behring am Standort Walterhöfer Straße 11. Das alte Krankenhaus wurde dann zum Teil von Onkologen, Sportmedizinern und Kinderärzten genutzt. In den verwaisten Gebäudeteilen drehte man Krankenhausszenen, aber auch Krimis wie »Polizeiruf 110« oder »Tatort«.

Auf dem Gelände soll 2013/14 die Wohnsiedlung »Oskar-Helene-Park« mit insgesamt 100 Eigentums- und Mietwohnungen in 30 Doppel- und Reihenhäusern entstehen. Außerdem ist ein Gesundheitszentrum in fünf neuen Häusern mit den klassischen medizinischen Fachrichtungen vorgesehen. Daneben sollen eine Privatklinik und ein Vier-Sterne-Hotel mit 110 Betten entstehen. Investiert werden insgesamt 135 Millionen Euro.

Im Winter 2012/13 begann der Abriss des Komplexes. Das betraf auch das erst 1995 gebaute Sportmedizinische Zentrum (Clayallee 225c).

Von der alten Bausubstanz bleiben nur das Direktorenhaus an der Clayallee und das Schwesternwohnheim am Ende der Waltraudstraße übrig. Der drei Hektar große Wald auf dem Westteil des Geländes ist Landschaftsschutzgebiet und bleibt ebenfalls erhalten.

Gaststätten

Vom alten Mühlengrundstück an der gleichnamigen Straße blieb nur ein großer Mühlstein übrig, der später als Tischplatte im Gasthof Lindenhof genutzt wurde. 1878 hatte Wilhelm Keck am Teltower Damm 53 eine 17-Zimmer-Villa errichten lassen. Über das Grundstück verläuft heute die verschwenkte Mühlenstraße. Die alte Mühlenstraße führte geradlinig auf das Haus Teltower Damm 42 zu. Die Trasse lebt noch heute teilweise im Herbergerweg fort.

Attraktion im Lindenhof war die Erlebnislandschaft im Garten mit Wasserläufen, Brücken, einer Grotte, einem Turm in Tropfsteinform mit Aussichtsplattform, Schluchten, Tälern und Tunneln, die mit blauem Licht illuminiert waren.

Das »Teltower Kreisblatt« schrieb am 21. August 1896 begeistert: »Wer die Anlagen noch nicht gesehen, macht sich keinen Begriff von ihrer Schönheit, hat keine Ahnung, daß eine so großartige, von Natur und Kunst begünstigte Schöpfung sich in unserm Orte befindet und daß dieselbe vor gerade zehn Jahren noch ein ödes Ackerland war. … als man den Ausgang erreicht hatte, stand Jedermann von Bewunderung erfüllt, wie gebannt vor dem unbeschreiblich schönen Bilde, das dieses Fleckchen Erde zu einer wildromantischen Gebirgsgegend en miniatore macht. Hohe Felswände, auf denen die ganze alpine Flora ihre Schönheiten entfaltet, umgeben das liebliche Thal.

Im Hintergrunde ist die eigentliche Grotte errichtet, in der ein riesiger Steintisch, an die Kyffhäusersage erinnernd, aufgestellt ist.« – eben jener erwähnte Mühlstein. 1908 musste das Areal verkauft werden, Villa und Park sind nicht erhalten.

Nicht weit entfernt, am Teltower Damm 36, liegt der um 1800 eröffnete Fürstenhof. Damit zählt er zu den ältesten Gasthöfen Berlins. 1893/94 erhielt das kleine Haus nach einem völligen Umbau einen Saal, eine Veranda, eine verstellbare Theaterbühne und seinen Namen. Das »Teltower Kreisblatt« meldete dazu am 2. Dezember 1894: »Das Restaurant ›Fürstenhof‹, am Bahnhof Zehlendorf, hat jetzt durch seinen Besitzer, Herrn A. Griebel ein neues Gewand erhalten, das der ganzen Gegend zur Zierde gereicht. Die große Winterhalle ist fertig und wird am Donnerstag, den 6 d. Mts. eröffnet werden. ... Der in der Mitte stehende Ofen ist das Neueste seiner Art und verspricht auch bei der stärksten Kälte den Raum behaglich zu erwärmen. Auch die Mobiliar-Ausstattung ist vollständig neu, sodaß die ganze Anlage einen äußerst behaglichen und einladenden Eindruck macht. Für fünfzig Personen bietet die neue Winterhalle im ›Fürstenhof‹ Raum, und es ist nicht zu bezweifeln, daß an manchem Wintertage, namentlich Sonntag Nachmittags, die Plätze nicht ausreichen werden.«

In den letzten Jahrzehnten waren auf dem landeseigenen Grundstück verschiedene Ladengeschäfte und Restaurants untergebracht, bis schließlich eine Steakhaus-Kette dort einzog.

Gegenüber, an der Gartenstraße/Teltower Damm, eröffnete am 8. April 1930 das Burg-Cafe. Später hieß das Lokal Kayser-Eck, dann Tanzlokal Gong. Im ehemaligen Tanzsaal richtete man 1946 die Bahnhof Lichtspiele ein, die unter der Kurzform Bali bekannt sind. Es ist heute das einzige Kino im Ortsteil Zehlendorf.

Zwei weitere Gaststätten befanden sich am Bahnhof: In der Bahnhofstraße 1 (heute Hampsteadstraße) eröffnete 1872 das Hotel zum Prinzen Friedrich Carl von Preußen. Es wurde 1888 abgerissen. Die ebenfalls 1872 eröffnete Wiesenburg am Teltower Damm 44/46 hielt sich mindestens bis in die 1950er Jahre.

Weitere Gaststätten lagen an der Berlin-Potsdamer Chaussee (heute Bundesstraße 1), darunter auch der historische Erbbraukrug an der Ecke Berliner Straße/Teltower Damm. Auf den alten Fundamenten errichtete die Bauernfamilie Pasewaldt im 18. Jahrhundert ein neues Gebäude. 1928/29 wurden die Baulichkeiten im Zuge der Straßenverbreiterung der Bundesstraße 1 abgerissen. Das heutige Eckhaus entstand zwischen 1937 und 1941 nach Plänen von Fritzsche & Löhbach, wo Woolworth am 11. November 1965 eine Filiale eröffnete.

1876 ließ Eduard Russack an der Berliner Straße 8 einen Saal bauen, der später erweitert wurde. Russack starb 1895, die Witwe verkaufte den Gasthof 1897 für 150.000 Mark. Später hieß das Lokal Lindenpark und beherbergte noch in den 1950er Jahren das Kino Primus-Palast. Der heutige Primus-Saal wird zu diversen Anlässen vermietet.

Im gleichen Zeitraum (1875–1878) entstand das Wohnhaus Potsdamer Straße 25 mit der Gaststätte Schwarzer Adler. Es war zum Schluss

Innenansicht vom Lindenhof.

eher eine verrauchte Kneipe, bevor der neue Wirt Mario Gusic das Haus im September 2012 unter dem Namen Zehlendorfer Hof eröffnete.

Der Gasthof zur goldnen Sonne bestand schon seit 1823 und wurde 1880 in die Onkel-Tom-Straße 2 verlegt. Dort brach 1886 ein Feuer aus. Aber, so das »Teltower Kreisblatt« am 6. Juli 1886: »Dank der … hiesigen Feuerwehr … konnte das Feuer auf seinen Herd beschränkt werden.«

Vielleicht war dies der Grund, weshalb der Gasthof mit Stall und Wohnhaus 1888 neu entstand.

Lange Zeit befand sich dort ein China-Restaurant, seit Kurzem wird mexikanische Küche serviert.

Das benachbarte Haus in der Potsdamer Straße 3, vor 1870 errichtet, beherbergte früher die Gaststätte Alter Krug. Das Lokal soll von der Zehlendorfer Bauernfamilie Haupt um 1800 als Ergänzung einer Kolonialwarenhandlung eingerichtet worden sein. Seit der Zwangsräumung der Taverna Kreta 2012 steht das Haus leer, doch die Grundstückseigentümer Schumann & Heinisch wollen das Haus mit Gastronomie wiederbeleben.

Im Wohn- und Geschäftshaus gegenüber, Potsdamer Straße/Königstraße, eröffnete Max Bischoff am 8. Oktober 1892 das Restaurant Kaiserhof. Beeindruckend war ein 72-flammiger Kronleuchter. Den großen Saal, der bis zu 400 Personen Platz bot, baute man nach dem Ersten Weltkrieg zum Kino Zeli um. Der Gebäudeteil, in dem sich Lokal und Kino befanden, wurde 1976 abgerissen. Die Kaiserhof-Apotheke in der Potsdamer Straße 50 erinnert noch heute an das Restaurant.

An der Berliner Straße 15 eröffnete 1908 das Hotel und Restaurant Deutsches Haus. Im dem Gebäude mit Fachwerk, Rundbogenfenstern, Türmchen und markanter Wetterfahne existierte das Hotel bis in die 1980er Jahre hinein. Zuletzt stand es lange leer, aber ein drohender Abriss scheint abgewendet.

Abschließend seien zwei Restaurants in der Onkel-Tom-Straße erwähnt: Das Waldhaus Sommergarten und das Wirtshaus zum Riemeistersee. Das Waldhaus Sommergarten in der Nr. 50 wurde 1902 gegründet und verfügt im Garten über 300 Plätze. Das 1885 eröffnete Wirtshaus zum Riemeistersee an der Ecke zum Quermatenweg betrieb der Gastwirt Fritz Thomas, der auch »der Grobe Tom« genannt wurde. Die Gäste übertrugen den bekannten Romantitel »Onkel Toms Hütte« von Harriet Beecher Stowe auf sein Lokal, als er ein Regendach im Garten aufstellen ließ, das an eine Hütte erinnerte. Um die Jahrhundertwende hatte sich das Lokal zu einem Treffpunkt für die vornehme Gesellschaft gewandelt, in dem selbst bei hohen Temperaturen das Ablegen des Jacketts untersagt war. 1933 wurde die Spandauer Straße nach dem Lokal in Onkel-Tom-Straße umbenannt. 1971 stellte man den Betrieb ein, die Gebäude brach man 1979 ab. An gleicher Stelle befindet sich heute ein Reitstall. Aber im Hang zum Riemeisterfenn kann man noch die zugewachsenen Terrassen und Treppen entdecken.

Schulen

Die Schönower Gemeindeschule wurde am 3. Juli 1894 am Kleinmachnower Weg 6 eröffnet. 1994 verkaufte man das marode Gebäude an eine Dachdeckerfirma, die aber pleite ging. Die erste Schule in Zehlendorf stand auf dem Dorfanger, wahrscheinlich schräg gegenüber der Dorfkirche, und musste mehrfach erweitert werden. 1828 wurde das noch heute bestehende Gebäude Clayallee 355 errichtet. Es bot 140 Schülern Platz und schloss eine Lehrerwohnung ein.

Die alte Zehlendorfer Dorfschule, heute Heimatmuseum, 2002.

Aber auch dieses Gebäude war bald wieder zu klein. Von 1876 bis 1929 diente das Haus der Gemeindeverwaltung. Bis 1934 nutzte ein Schuhmacher das Haus, seit 1973 ist es Sitz des Heimatmuseums.

Die neue Gemeindeschule entstand 1876 an der Potsdamer Straße 7. Der Name Nord-Schule, den der Volksmund geprägt hatte, wurde 1926 offiziell. 1979 stellte man das neue Haus für die Grundschule fertig, die Altbauten des 19. Jahrhunderts wurden 1978/79 abgerissen.

Als Entlastung für die Nord-Schule errichtete man von 1912 bis 1914 in der Claszeile 56 die sogenannte Süd-Schule, von der 1949 die Schweizerhof-Schule abgetrennt wurde. Diese Grundschule hat seit 1963 ihren Standort in der Leo-Baeck-Straße 28–30.

Die am 1. Oktober 1885 gegründete private Höhere Mädchenschule von Flora Köppler bezog am 12. Oktober 1903 einen Neubau in der Schönower Straße 8. Die Lehranstalt wurde 1905 von der Gemeinde übernommen und heißt seit 1938 Droste-Hülshoff-Oberschule. Seit dem Schuljahr 1948/49 nimmt das Gymnasium auch Jungen auf.

Aus der am 22. April 1895 gegründeten Höheren Knabenschule entstand das Schadow-Gymnasium. Die Knabenschule konnte am 27. Oktober 1904 ihr eigenes Gebäude in der Beuckestraße 25 beziehen. Das 1911 gegründete Zehlendorfer Gymnasium erhielt 1913 ein eigenes

Die heutige Gail S. Halvorsen Schule in der Beuckestraße 25.

Schulgebäude in der Beuckestraße 27–29. Schadow wurde am 28. April 1938 Namenspatron. Zur Schule gingen hier u.a. Vicco von Bülow (Loriot), der Kabarettist Eckart von Hirschhausen, die Schauspielerin Martina Gedeck, Peter Brandt (Sohn von Willy Brandt) und die Kinder von Johannes Rau.

Das Schulgebäude in der Beuckestraße 25 nutzt seit 1948 die 1906 gegründete Beucke-Oberschule. Die Realschule erhielt zusammen mit der früheren Alfred-Wegener-Schule in Dahlem am 15. Juni 2013 den Namen Gail S. Halvorsen Schule. Der Namensgeber war der Luftbrücken-Pilot, der nach dem Krieg für hungernde Berliner Kinder Schokolade abgeworfen hatte.

Das Gebäude der ehemaligen Riemeister-Grundschule in der Wilskistraße 78 wurde in mehreren Bauabschnitten zwischen 1929 und 1935 errichtet. Die Zinnowwald-Schule legte man am 28. September 1948 mit der Riemeister-Schule zusammen. Den Namen trägt die ehemalige 8. Volksschule offiziell seit dem 15. März 1949.

DIE VILLENKOLONIEN

Attraktive Wohnlagen im Grünen

Voraussetzung für die Anlage einer Villenkolonie waren die Befreiung der Bauern von Dienstbarkeiten und Abgaben gegenüber dem adligen Grundherrn sowie die Überführung von Hofbetrieben und Ackerflächen in privates Eigentum. Dies erfolgte in Preußen in der ersten Hälfte des 19. Jahrhunderts. Mit dem Ablösungs-Gesetz von 1850[7] konnten Landwirte frei über ihren Boden verfügen, also auch an Bauherren oder Terraingesellschaften verkaufen. In der Folge kam es zu Grundstücksspekulationen. An die Stelle des Zunftwesens war bereits 1810 die Gewerbefreiheit getreten, was später die Gründung von Terraingesellschaften ermöglichte. Schließlich gestattete die Neugestaltung des Bodenrechts beispielsweise die Aufnahme einer Hypothek zur Finanzierung eines Neubaus.

Diese Reformen setzten im Berliner Raum eine zweigleisige Entwicklung in Gang: In der Zeit zwischen 1862 (Inkraftsetzung des »Bebauungsplans der Umgebungen Berlins« nach Hobrecht) und 1914 (Beginn des Ersten Weltkrieges) kam es durch die enorme Nachfrage nach Wohnraum zur Errichtung eines Mietskasernengürtels um die Berliner Altstadt.

Im selben Zeitraum entstanden außerhalb, vor allem südwestlich von Berlin, Villen- und Landhauskolonien: Alsen/Wannsee 1863, Lichterfelde 1865, Westend 1866, Friedenau 1871, Südende 1872, Schlachtensee 1884, Grunewald 1885, Dahlem 1901, Gartenstadt Frohnau 1910, Gutsbezirk Heerstraße 1914.

So war es innerhalb von rund 50 Jahren nicht nur zu einer unterschiedlichen baulichen Ausgestaltung gekommen, sondern auch zur sozialen Entmischung: Die Menschen mit den kleinen Einkommen hausten in den grauen Mietskasernenvierteln der Innenstadt, während die zahlungskräftige Oberschicht in den grünen Vororten logierte. Soweit die historischen Voraussetzungen.

Wannsee

Die Deutung des Namens Wannsee, der zum ersten Mal 1242 urkundlich erwähnt wird (Wansze), ist umstritten. Ist der Name slawischen Ursprungs, dann bedeutet Wansa Schlangensee. Geht man vom Germanischen aus, erklärt sich der Name aus dem Begriff Wannensee.

Im Raum Wannsee gab es seit dem Mittelalter Siedlungen, über die schon anfangs berichtet wurde. Nur Stolpe und Teile von Klein-Glienicke haben die Jahrhunderte überdauert.

Stolpe hatte Anfang des 17. Jahrhunderts 84 Einwohner. Mit der Fertigstellung der Berlin-Potsdamer Chaussee 1795 wurde der Ort vom Durchgangsverkehr abgeschnitten, da die neue »Kunststraße« nördlich am Dorf vorbeiführte. Deshalb verlegte der Stolper Gastwirt Johann Friedrich Stimmig mit einer staatlichen Beihilfe schon während der Arbeiten an der Chaussee 1793 sein Lokal neben die Friedrich-Wilhelm-Brücke (heute Wannseebrücke).

Hier, im Stimmigschen Gasthof, verbrachte der Dichter Heinrich von Kleist am 20. November 1811 seine letzte Nacht, bevor er und die befreundete Henriette Vogel sich am Ufer des Kleinen Wannsees das Leben nahmen. Beide sind am Tatort beerdigt. Die Grabstelle wurde mehrfach umgestaltet. In der »Zeitung für die elegante Welt« (26. bis 28. September 1822) erinnerte sich die Lyrikerin und Publizistin Elise von Hohenhausen (1789–1857) an den Gasthof: »Wir stiegen bei Stimming, dem Besitzer eines auf einer Anhöhe gelegenen Wirthshauses, ab. Im Garten desselben genossen wir eine entzückende Aussicht über den großen Wannsee, an dessen andern Ende das Dörfchen Glakow (Gatow; C. S.) liegt. Kleine mit Wald bekränzte Anhöhen umringen den klaren See, an dessen Ufern tausend Vergißmeinnicht blühen, an seinem östlichen Ende blickt der Thurm von Spandau glänzend weiß aus der blauen Fluth hervor.«

Nach Eröffnung der Eisenbahn 1838 änderten sich die Verkehrsströme, der Gasthof florierte nicht mehr. Stimmig wollte nicht ein drittes Mal neu beginnen und verkaufte sein Lokal, das 1870 abgerissen wurde. An seiner Stelle (Königstraße 3b/4) ließ sich der Berliner Kaufmann Wilhelm Conrad 1870/73 die Villa Alsen als sein Wohnhaus errichten, das man 1970 durch das Hotel Wannseeblick ersetzte. Das Hotel ist seit etwa 2006 geschlossen und soll demnächst auch wieder abgebrochen werden. Die Lelbach Projektentwicklung GmbH & Co.

Doppelstuben in Albrechts Teerofen 8, um 1736 errichtet, 2002.

KG plant hier den »Wohnpark am Großen Wannsee« mit 20 Wohnungen, der 2015 fertiggestellt werden soll. Direkt daneben hat der Potsdamer Yacht-Club e.V. seit 1907 sein Domizil.

Kohlhasenbrück, südlich von Stolpe, wurde erstmals um 1595 als »Kohlhasen Brücke« erwähnt. Die im Ortsnamen genannte Brücke war weit und breit der einzige Weg über das sumpfige Bäketal. Benannt ist sie nach Hans Kohlhase. Er erbeutete bei einem Überfall auf den Boten des brandenburgischen Kurfürsten Joachim II. Silber, das er der Überlieferung nach 1540 unter der Bäkebrücke im Wasser versenkt haben soll. Für seine Tat wurde er am 22. März desselben Jahres hingerichtet. Heinrich von Kleist hielt diesen Fall in der Erzählung »Michael Kohlhaas« fest.

Nach dem Bau der Chaussee geriet der Ort verkehrsmäßig ins Abseits. 1858 wurde Kohlhasenbrück mit Stolpe vereinigt. Ab 1900 wurde mit dem Bau einer Villenkolonie begonnen.

Etwa 1870 hatte der Gastwirt Heinrich Beyer am Haus Königsweg 310 in einem Saalanbau das »Restaurant Kohlhasenbrück« eröffnet, das Anfang der 1930er Jahre geschlossen wurde. In der Kegelbahn wurden später Ställe für eine Schweinemastanlage eingerichtet, die jedoch wegen der Geruchsbelästigung 1962 nach Marienfelde verlegt werden musste.

Das Gebiet von Albrechts Teerofen liegt zwischen Teltowkanal und Autobahn östlich von Kohlhasenbrück. Die heutige Stadtgrenze umschließt das Gebiet von drei Seiten. 1680 war hier eine Teerbrennerfamilie namens Albrecht ansässig, die dem Ort seinen Namen verlieh. Die Familie besaß in der Umgebung mehrere Teeröfen und stellte Schmieröle, Holzkohle und Pech her. Aus der Zeit um 1736 gibt es in der Straße Albrechts Teerofen 8 noch ein Doppelstubenhaus.

Um etwa 1800 wurden die Betriebe aufgegeben. Reste dieser Teerbrennerei – verhärtete Teerblöcke – wurden 1924 bei Ausschachtungsarbeiten auf dem Grundstück Albrechts Teerofen 10 entdeckt.

Die bereits zitierte Publizistin Elise von Hohenhausen wunderte sich bei ihrem Aufenthalt am Wannsee 1822 »sehr, daß diese reitzende Gegend nicht mehr zum Aufenthalte der Begüterten dient, kein Landhaus ist hier herum zu sehen. Welches Paradies könnten Geschmack und Reichthum nicht hier hervorrufen.«[8]

Dieser Gedanke mag auch dem Berliner Bankier Wilhelm Conrad gekommen sein, der eine geeignete Gegend für die Gründung einer Villenkolonie suchte. Am Westufer des Wannsees wurde er fündig und so kaufte er im Juli 1863 rund 77 Hektar auf der Feldmark von Stolpe und gründete hier 1869 eine Villenkolonie für das wohlhabende Berliner Großbürgertum.

1872 gab Conrad der Kolonie den Namen »Alsen«, weil ihn die Landschaft an die dänische Insel Alsen erinnerte, die im Deutsch-Dänischen Krieg 1864 von preußischen Truppen eingenommen wurde. Doch der Name Alsen setzte sich nie durch. Am 1. April 1898 wurden die Villenkolonien Wannsee und Alsen sowie das Dorf Stople zu der selbstständigen Gemeinde Wannsee vereinigt. Da der Name Stolpe sehr oft vorkommt, war er als Bezeichnung für die Gemeinde ungeeignet.

Unterstützt vom städtischen Gartenbau-Direktor Meyer wurden Straßen angelegt und eine Pumpstation samt Wasserleitung gebaut. An der höchsten Stelle hatte man einen Wasserturm errichtet. Ab 1873 entstand auf der Flur des Gutes Düppel am Ostufer von Großem und Kleinem Wannsee die eigentliche Villenkolonie Wannsee.

Anlässlich des 25-jährigen Bestehens der Villenkolonie erinnerte sich das »Teltower Kreisblatt« am 24. Juli 1888: »Wer seiner Zeit Augenzeuge gewesen ist wie der Wind die ersten Anlagen und Wege dieses hügeligen Terrains hartnäckig immer auf's Neue überschüttete und verwehte, der weiß die Energie zu schätzen mit welcher der fast steril erscheinende Boden so kultiviert worden ist ...«

Verkehrsanbindung an Berlin

Da die neuen Bewohner von Wannsee zumeist in Berlin arbeiteten und dort oft auch noch eine Stadtwohnung für den Winter hatten, war eine schnelle Bahnverbindung in die Stadt unerlässlich. Die Strecke der Berlin-Potsdam-Magdeburger Eisenbahn verlief aber rund 2,5 Kilometer weiter südlich. Als Mitglied im Aufsichtsrat der Bahngesellschaft setzte sich Conrad für den Bau der sogenannten Wannseebahn ein, die zwischen 1869 und 1874 gebaut wurde. Sie erschloss – abweichend von der Potsdamer Bahn – durch einen Schlenker ab dem Bahnhof Zehlendorf die Gemeinde Wannsee mit den Bahnhöfen Mexikoplatz (seit 1. November 1904), Schlachtensee (seit 1. Juni 1874) und Nikolassee (seit 1. Mai 1902). Bei Kohlhasenbrück mündete die neue Strecke wieder in die Stammbahn ein. Da sie damals noch durch kaum bebautes Gelände führte, hielt man sie für überflüssig. Der Volksmund nannte die »Wannseebahn« zunächst »Wahnsinnsbahn auf Conrädern«.

Für die am 1. Juni 1874 eingeweihte Station Wannsee entstand 1878 ein Empfangsgebäude und ein zweiter Bahnsteig für die 1879 eröffnete Berlin-Wetzlarer Bahn längs durch den Grunewald. Zwischen 1927 und 1928 schuf Richard Brademann mit diversen Stellwerken einen völligen Umbau, dessen neues Empfangsgebäude am 1. April 1928 dem Verkehr übergeben wurde. In den 1920er Jahren stand der »Eiserne Gustav« (Gustav Hartmann) oft mit seiner Pferdedroschke auf dem Bahnhofsvorplatz. Er wurde 1928 durch seine völkerverbindende Fahrt nach Paris bekannt und wohnte in der Alsenstraße 11.

Als 1909 der Südwestkirchhof Stahnsdorf eingeweiht wurde, eröffnete man 1913 eine vom Bahnhof Wannsee abzweigende, 4,2 Kilometer lange eingleisige Stichbahn mit den Haltepunkten Dreilinden und Stahnsdorf. Nach dem Mauerbau legte man die Strecke still; die Anlagen sind größtenteils abgebaut.

Zu den ersten Siedlern in Wannsee gehörte der Diplomat und Bankier Eduard von der Heydt, der in der heutigen Kaiserstraße 2–3 ein etwa 30.000 Quadratmeter großes Grundstück kaufte. Die Villa wurde von den Architekten Kyllmann und Heyden im italienischen Renaissancestil erbaut. Seit 1939 war hier die »Schulungsburg der Deutschen Arbeitsfront« untergebracht. Sie musste 1960 wegen schwerer Kriegsschäden abgerissen werden.

Auch das Haus des Malers und Bruders des Bildhauers Reinhold Begas, Oscar Begas, Am Kleinen Wannsee 2 existiert nicht mehr. Der Architekt Walter Kyllmann erwarb das Grundstück Am Kleinen Wannsee 4. Dazu gehörten Obst- und Gemüsegärten auf der anderen Straßenseite, auf der seit 1950 das Immanuel-Krankenhaus steht.

Der Kaufmann und Bankier Heinrich Quistorp (1836–1902), der u.a. auch an der Entwicklung von Westend beteiligt war, kaufte 1871 etliche Grundstücke aus Spekulationsgründen. Mit dem Börsenkrach 1873 ging er in Konkurs und verlor alles. Ein Vierteljahrhundert später verkehrten täglich schon 52 Züge zwischen Wannsee und Berlin. Dazu bemerkte das »Teltower Kreisblatt« am 24. Juli 1888: »Und da auch im Winter nur 5 bis 6 dieser planmäßigen Züge ausfallen, so bewohnt jetzt bereits eine Anzahl von Familien das ganze Jahr hindurch ihre Häuser am Wannsee.«

Aber elf Monate zuvor war es zu einem tragischen Bahnunglück gekommen. Ein von Berlin kommender Personenzug fuhr am 18. Juni 1887 um 21.19 Uhr bei der Einfahrt in den Bahnhof Wannsee auf einen zur Abfahrt bereit stehenden Zug auf. Dabei wurde der Gasbehälter an einer Lok zertrümmert, das Gas entzündete sich und durch das Feuer waren drei Tote und sieben Verletzte zu beklagen.

Die Prominenz am Wannsee

Als in Potsdam-Babelsberg 1912 im ältesten Großatelier-Filmstudio der Welt die Dreharbeiten begannen, zogen immer mehr Filmstars – zumindest zeitweilig – in das Umfeld der 1917 gegründeten UFA, die 1921 die Studios übernahm. Die Leinwand-Größen wohnten zwar zumeist in Grunewald und Dahlem, aber einige Schauspieler hatten auch Wannsee wegen der kurzen Wege zu den Ateliers für sich entdeckt. Johannes Heesters, der 2011 im Alter von 108 Jahren starb, fuhr als junger Mann gelegentlich bei schönem Wetter mit dem Fahrrad von der Pardemannstraße 8 in die Studios, obwohl er ein Auto hat. Er wollte fit bleiben und genoss die landschaftlich schöne Gegend. Aber die Kollegen lästerten, der arme Heesters bekomme offensichtlich so wenig

Heinrich George am Eingang seines Hauses in der Bismarckstraße 34 mit seiner Dogge »Fellow«.

Gage, dass er sich kein »Automobil« leisten könne. Es zog später nach Grunewald.

Heinrich George (»Berlin-Alexanderplatz«) wohnte zunächst in der Bäkestraße in Kohlhasenbrück. Als er 1933 die Schauspielerin Berta Drews (»Es geschah am hellichten Tag«) heiratete, lebten sie in der Bismarckstraße 34 am Kleinen Wannsee. Aus der Verbindung gingen die Kinder Jan (geb. 1931) und Götz (geb. 1938) hervor. Götz George (»Schimanski«) wuchs hier auf und wohnte später in der Zehlendorfer Kleiststraße 5, dann in der Terrassenstraße 32 in Schlachtensee.

Nach der aufgenötigten Trennung von seiner jüdischen Ehefrau erwarb Heinz Rühmann am 18. Februar 1938 das Haus Am Kleinen Wannsee 15. Es gehörte der zum Judentum konvertierten Helene Jandorf, der Witwe des gleichnamigen Kaufhaus-Gründers. Jandorf selbst war bereits 1932 gestorben, seine Witwe emigrierte 1937 nach Den

Haag. Für die respektable Villa zahlte Rühmann nur 100.000 Mark, ein Preis, der 40 Prozent unter dem damaligen Verkehrswert lag. Die Studios lagen fünf Autominuten entfernt. Am 1. Juli 1939 heiratete er die Kollegin Hertha Feiler, natürlich im Rathaus Wannsee.

Rühmann erinnerte sich später an das Haus: »Ein Holzbau in skandinavischen Stil, mit großem Garten bis ans Wasser, den Hertha hegte und pflegte, bis wir im Krieg in den Blumenbeeten Kohl anpflanzten. ... Das Holzhaus brannte (in den Endkämpfen um Berlin; C. S.) innerhalb von wenigen Minuten wie eine Fackel. Den Beschuss hatten wir der elfköpfigen HKL (Hauptkampflinie; C. S.) zu verdanken, die als erste das Feuer eröffnete. Der Russe erwiderte vom gegenüberliegenden Ufer des Wannsees. Von allen Häusern am Wannsee wurde nur unseres zerstört.«[9]

Rühmanns Familie kam nach einer Odyssee und mit nur einem Handwagen provisorisch in der Endestraße unter, bevor sie später nach München zogen. Zwischen 1930 und 1933 drehte Rühmann einige Filme, in denen auch Lilian Harvey mitwirkte. Sie wohnte zu der Zeit noch in Westend, zog aber 1935 in die Griebnitzstraße 5a in Klein-Glienicke. 1939 emigrierte sie in die USA.

In der Nachbarschaft (Griebnitzstraße 4) hatte Reichskanzler Kurt von Schleicher gewohnt, der am 30. Juni 1934 mit seiner Frau ermordet worden war. Gegen Mittag hielt ein Auto mit sechs Angehörigen des Sicherheitsdienstes der SS in Zivil vor der Villa. Die erschrockene Haushälterin führte zwei der Männer in Schleichers Büro. Als dieser die Frage, ob er Kurt von Schleicher sei, bejahte, erschossen die Männer ihn und seine Ehefrau. Hermann Göring ließ verbreiten, von Schleicher hätte »staatsgefährdende Beziehungen unterhalten« und sich einer Verhaftung widersetzt. Das Haus wurde später abgerissen.

Am Großen Wannsee 39/41 hatte sich Ferdinand Springer, Sohn des Verlagsgründers Julius Springer und mit Axel Springer nicht verwandt, 1901 von Alfred Messel eine Villa errichten lassen. Er starb 1906.

Auch der Sohn des Verlagsgründers Carl Langenscheidt ließ sich 1899 in der Colomierstraße 1–2 von Bodo Ebhardt ein Landhaus im Fachwerkstil errichten. Zu dem Anwesen, das sich immer noch in Familienbesitz befindet, gehört seit 1901 ein Stallgebäude mit Kutscherwohnung.

Schließlich hatten zwei berühmte Maler ihr Domizil in Wannsee. Der Historienmaler Anton von Werner, Direktor der Könglichen

Villa von Ferdinand Springer in der Straße Am Großen Wannsee 39/41, 1975.

Akademie der Bildenden Künste, residierte ab 1882 in der Villa von Quistorp. 1887 ließ sich der Künstler in der Straße zum Löwen 5 ein Sommerhaus errichten. Dort führte er bis zu seinem Tod 1915 ein reges gesellschaftliches Leben. Wissenschaftler, Künstler und sogar der Kronprinz waren bei ihm zu Gast. Das Haus ist nicht erhalten, auf dem Grundstück stehen heute mehrere Gebäude.

Der Maler Max Liebermann, der in seinem Haus am Pariser Platz direkt neben dem Brandenburger Tor wohnte, erwarb 1909 im Alter von 62 Jahren eines der letzten freien Wassergrundstücke am Wannsee. Das lang gestreckte Grundstück Am Großen Wannsee 42/Colomierstraße 3 umfasst rund 7.000 Quadratmeter. Das neue Haus nach Plänen von Paul Otto Baumgarten wurde im Juli 1910 bezogen, aber nur während der Sommermonate bewohnt.

Nach Liebermanns Tod 1935 wurde die Witwe von den Nationalsozialisten gezwungen, das Grundstück an die Deutsche Reichspost zu verkaufen. Dort wurde ein »Schulungslager« für die »weibliche Gefolgschaft« eingerichtet. Nach einer Nutzung als Lazarett wurde die Villa Teil der Chirurgischen Abteilung des Städtischen Krankenhauses

Wannsee; im ehemaligen Atelier hatte man den Operationssaal eingerichtet. Liebermanns in den USA lebende Tochter Käthe Riezler erhielt die Villa 1951 zurück und vermietete sie an das Wannsee-Krankenhaus. Die Enkelin Maria White verkaufte das Haus 1958 an das Land Berlin. Die Villa wurde 1971 an den Deutschen Unterwasser-Club (DUC) als Vereinsheim verpachtet. Nachdem aber ein Ausweichgrundstück für den DUC gefunden werden konnte, begann die Max-Liebermann-Gesellschaft 2002, die Villa mit privaten Mitteln zu restaurieren. Seit Ende April 2006 sind Haus und Garten originalgetreu wiederhergestellt und für die Öffentlichkeit dauerhaft zugänglich.

Anlässlich des 80. Geburtstages des Malers verlieh Oberbürgermeister Gustav Böß dem Künstler am 30. Juni 1927 in seiner Villa die Ehrenbürgerwürde der Stadt Berlin. Bei der Verabschiedung nahm Böß ohne Erlaubnis ein kleines Ölbild Liebermanns von der Wand und verstaute es in seiner Aktentasche. Er erklärte, der neue Ehrenbürger könne ja nun auch einmal etwas für seine Stadt tun. Statt einer schlagfertigen Antwort schickte Liebermann Böß kommentarlos eine Rechnung über 8.000 RM.

Als sich Liebermann in hohem Alter einen Leistenbruch zuzog, war der in der Nähe wohnende Ferdinand Sauerbruch sein behandelnder Arzt. Als der berühmte Mediziner dozierte, im Mittelalter habe man die Patienten kurzerhand an den Beinen aufgehängt, verlangte Liebermann, diese unkonventionelle Methode auch bei ihm anzuwenden. Sauerbruch zögerte, schließlich war sein Patient über 80 Jahre alt. Doch Liebermann forderte energisch: »Nu man los! Ihr sollt ma an de Beene aufhäng'n.«[10]

Der Professor fügte sich – und die Sache gelang. Bei dieser Gelegenheit entstanden die Vorstudien zu Liebermanns berühmtem Porträt des Chirurgen. Laut Sauerbruch soll Liebermann zu ihm gesagt haben: »So eene Visage wie die hab ick noch nie jesehn. … Die Visage muss ich zeichnen.« Sauerbruch war einer der wenigen, die 1935 an der Beerdigung des als Jude verfemten Max Liebermann teilnahmen.

Die Industriellengattin Margarete Oppenheim hatte Sauerbruch bei einem Besuch in Wannsee auf ein leer stehendes Haus in der Koblanckstraße 1 aufmerksam gemacht. Da sich dort bereits ein Pferdestall befand und ein Reitplatz angelegt werden konnte, griff Sauerbruch spontan zu, weil er ein leidenschaftlicher Reiter war. Nach der Trennung von seiner Frau Adeline (Heirat 1908) Ende der 1930er Jahre hatte diese

Die Villa Liebermann, 2013.

die Villa in Wannsee zunächst behalten. Sauerbruch zog aus, heiratete 1939 eine Internistin und wohnte bis zu seinem Tod im Jahre 1951 in der Herthastraße 11 in Grunewald. Als das Haus in Wannsee in den Besitz der Gewerkschaft ÖTV kam, ließ diese die Villa abreißen und ein Bildungszentrum errichten.

Für Franz Oppenheim, in der Leitung der Agfa-Werke tätig, errichtete Johannes Otzen 1886 eine Villa Am Sandwerder 17–19. Nach Oppenheim bewohnte der Bankier Siegfried Samuel das Haus, bevor der Bankier Hans Arnold es 1926 erwarb. Er musste Deutschland 1936 verlassen. Die »arisierte« Villa bewohnte nun Walther Emmanuel Funk, der 1938 Reichswirtschaftsminister und 1939 Präsident der Reichsbank wurde. Nach dem Krieg richtete das US-Militär hier das »Recreation Center« ein. Mit dem Abzug der US-Streitkräfte 1994 ging die Immobilie an das Land Berlin mit der Maßgabe, es für die nächsten 35 Jahre für die Pflege der deutsch-amerikanischen Beziehungen zu nutzen. So weihte man in dem Haus am 26. September 1998 das Hans Arnhold Center ein. Gleichzeitig nahm dort die private und gemeinnützige American Academy in Berlin ihre Arbeit auf.

Zunächst gab es in Wannsee nur zwei ältere Kirchen: die 1837 errichtete Kirche St. Peter und Paul und die 1859 errichtete Kirche in Stolpe am Wilhelmsplatz 1a. Die alte Dorfkirche aus Fachwerk von 1469 musste 1854 wegen Einsturzgefahr abgebrochen werden. Der neoromanische Neubau aus gelben Ziegeln wurde nach Ideen von Friedrich Wilhelm IV. und dessen finanzieller Unterstützung nach Plänen von Friedrich August Stüler errichtet.

Doch die Kirchen lagen ungünstig und waren bald auch zu klein. So entstand an der Lindenstraße 2 die Andreaskirche nach Plänen von Otto Stahn, die am 15. August 1896 eingeweiht wurde. Über dem Portal ist der Schriftzug »Lamm Gottes« angebracht; die Büste von Wilhelm Conrad, dem »Vater« von Wannsee, steht in der Vorhalle. Er hatte die Kirche anlässlich seiner Goldenen Hochzeit gestiftet. Ein Gemälde mit einer Bibelszene rechts vom Altar stammt vermutlich aus einer venezianischen Schule des 16. Jahrhunderts. Ihren Namen trägt die Kirche, die zuvor einfach »Neue Kirche« hieß, aber erst seit 1965.

Kurz darauf wurden auch Forderungen der Katholiken nach einem eigenen Kirchenbau laut und so entstand 1927/28 auf dem gestifteten Grundstück Königstraße 43 die St. Michael-Kirche nach Plänen von Wilhelm Fahlbusch. Am 28. Februar 2004 fusionierte die St. Michael-Gemeinde mit der Nachbargemeinde in Schlachtensee »Zu den Heiligen Zwölf Aposteln«.

Das neueste Gotteshaus steht in der Königstraße 66. Hier ließen sich die Baptisten nach dem Abriss einer Tankstelle 1991/92 eine Kirche mit postmoderner Glasfassade und einem Campanile nach Plänen von Heinrich Bargon errichten. Die Kirche steht auch Angehörigen und Patienten des nahen Immanuel-Krankenhauses und seit 2003 dem benachbarten Hospiz offen.

Übrigens: Bei Übernahme des Geländes Am Großen Wannsee 20 fand die Baltische Segler-Vereinigung eine als Bootsschuppen genutzte norwegische Stabkirche aus der Zeit um 1900 vor. Sie wurde 1995 restauriert. Der Name erklärt sich aus der in Norwegen üblichen Bauweise mit Wänden aus Pfosten.

Zunächst wurden die Verstorbenen entweder in Berlin oder an der alten Dorfkirche in Stolpe beigesetzt. Mit dem Kirchenneubau 1858/59 wurden die Grabstellen in Stolpe eingeebnet. Der heutige Alte Fried-

Die Kirche in Stolpe.

hof in der Friedenstraße 2–14 konnte im Oktober 1846 als Ersatz eingeweiht werden. Hier sind u.a. der Architekt Hans Poelzig und der Fuhrmann Gustav Hartmann bestattet, der als »Eiserner Gustav« mit seiner Kutschfahrt nach Paris bekannt geworden war. Zudem gibt es zahlreiche Kriegsgräber. Die Leichenhalle stammt in ihren ältesten Teilen aus dem Jahre 1886. 1888 kam es zu einer letzten Erweiterung des Geländes.

In der Lindenstraße 1–2 wurde 1887 der Neue Friedhof eingeweiht und 1918 sowie 1979 erweitert. Dort sind u.a. die Gräber folgender Persönlichkeiten zu finden: des Mediziners Ernst Ferdinand Sauerbruch, des Chemikers und Nobelpreisträgers Hermann Emil Fischer, des Architekten Johannes Otzen, des Gründers der Villenkolonie Wannsee Wilhelm Conrad, des Sohnes des Verlagsgründers Carl Georg Felix Langenscheidt sowie von Mitgliedern der Familien von Helmholtz und von Siemens.

Und was hat es mit dem Löwenstandbild in Heckeshorn auf sich? Begonnen hatte alles im fernen Schleswig-Holstein vor fast 150 Jahren. Am 25. Juli 1850 schlugen dänische Truppen in der Schlacht bei Idstedt

Die Steglitzer Kunstgießerei Geisler reparierte 1960 Kriegsschäden am Heckeshorner Löwen aus Zink; der Kopf musste wegen einer zu niedrigen Bahnbrücke »amputiert« werden.

einen Aufstand der Schleswig-Holsteiner nieder. Der dänische Bildhauer Hermann Bissen schuf als Siegesdenkmal, aber auch als Mahnmal für die dänischen Gefallenen der Schlacht, einen gewaltigen Löwen aus Bronze, den sogenannten »Flensburger Löwen«, der auf dem Alten Friedhof im damals dänischen Flensburg aufgestellt wurde. Damit wäre die Geschichte eigentlich schon zu Ende, hätten nicht preußische Truppen im Deutsch-Dänischen Krieg 1864 das Denkmal »geklaut«. Man brachte es zunächst im Hof des Zeughauses in Berlin unter. Nach dem Bau der Hauptkadettenanstalt wurde der Löwe am 1. Mai 1878 nach Lichterfelde transportiert und daselbst aufgestellt. Dort fauchte er bis zum 20. Oktober 1945, dann ging er nach Dänemark zurück und steht nun im Hinterhof des Zeughauses in Kopenhagen, während sich die Flensburger den Löwen an seinen Ursprungsort zurückwünschen. Daher ist die Löwenskulptur in Heckeshorn nicht der Original-Löwe aus der Kadettenanstalt. Der Berliner Kaufmann Wilhelm Conrad ließ 1869 vom Original im Hof des Zeughauses eine Kopie aus Zink anfertigen und das Denkmal in der Villenkolonie Alsen aufstellen. Erst 1938 wurde die Skulptur an den Großen Wannsee umgesetzt.

Gaststätte »Schwedenpavillon«, um 1955.

Gaststätten

Die schöne Umgebung lockte zahlreiche Ausflügler nach Wannsee und die Einheimischen benötigten Fest- und Versammlungsräume. Zu den ersten Lokalen gehörte die 1873 eröffnete Herberge zur Heimat. Das Restaurant in der Königstraße 49 nannte sich später Deutsche Eiche. Seit November 1942 wurde durch Umbau des Großen Saals ein Lager für maximal 300 ausländische Arbeitskräfte eingerichtet. Nach dem Abbruch aller Baulichkeiten eröffnete hier am 20. August 2009 ein Supermarkt.

Ebenfalls 1873 wurde in Klein-Glienicke (Potsdam) an der heutigen Waldmüllerstraße 4–5 der Bürgershof als Stehbierhalle eröffnet. 1886 entstand ein Hotel mit vorgelagertem Festsaal für 1.000 Personen. Nach dem Zweiten Weltkrieg gab es noch bis Mitte der 1950er Jahre Jazz- und Tanzveranstaltungen. Nach dem Mauerbau verliefen die Grenzbefestigungen auf 90 Prozent der Grundstücksfläche, 1971 schließlich wurde das Hotel gesprengt. Doch 2002 konnten die Alteigentümer das 1970 enteignete Grundstück zurück erwerben und im Sommer 2004 den Betrieb im Restaurant wieder aufnehmen.

Der Kaiser-Pavillon.

Den sogenannten Schwedenpavillon ließ Wilhelm Conrad 1872/73 von der Wiener Weltausstellung demontieren und Am Großen Wannsee 28/30 als Ausflugslokal wieder aufbauen. 1909/10 wurde er von Witt & Bischoff durch ein größeres Gebäude im englischen Landhausstil ersetzt. Stammgast war Max Liebermann, der in der Nähe wohnte. Bis auf eine Zwischennutzung als Rundfunkabhöranlage ab 1940 bestand das Lokal bis 1956. Dann war es bis 1996 ein Heim des Arbeiter-Samariter-Bundes für 170 chronisch kranke Patienten. Im Rahmen einer Sanierung 2001/02 entstanden 16 herrschaftliche Wohnungen mit bis zu fünf Zimmern und Wohnflächen bis 304 Quadratmetern.

Auch das Gebäude des Kaiserpavillons Wannsee am Bahnhof Wannsee stammt von der Wiener Weltausstellung. Das Lokal wurde 1875 eröffnet. Um 1900 baute man es zu einem großen Restaurant mit Terrasse aus. Nach 1945 brannte es ab und wurde abgerissen. In einem Teil des Biergartens ließ die Reichsbahndirektion schon 1933/34 am Kronprinzessinnenweg 260 die heutigen Räumlichkeiten errichten, in denen 1936 die Gaststätte Schultheiss am Wannsee eröffnet wurde. Seit 1978 heißt das Lokal Loretta am Wannsee.

Am 25. April 1893 eröffnete der Gastronom W. Jungermann das Ausflugs- und Tanzlokal Zum Reichsadler an der Königstraße 25–27. Aus diesem Anlass »hatte sich ein nach Hunderten zählendes gewähltes Publikum eingefunden«, wie das »Teltower Kreisblatt« vom 29. April 1893 schreibt. Der hintere, kleinere Saal wurde 1934 zu Kleinwohnungen umgebaut. Mitte der 1950er Jahre hatte vorübergehend ein Filmatelier seinen Sitz im Hauptgebäude. 1969/70 erfolgte der Abriss aller Baulichkeiten. Heute steht an dieser Stelle das Seniorenheim Centrum am Schäferberg.

Das Ausflugslokal Haus Sanssouci Am Großen Wannsee 60 besteht aus einem Fertighaus aus Holz, das ein russischer Kaufmann auf der Pariser Weltausstellung erwarb und 1889 dort aufstellte. Anderen Berichten zufolge entstand das Fertigteil-Holzhaus erst 1917. Nach dem Zweiten Weltkrieg brachte man Flüchtlinge darin unter. 1954 eröffnete die Potsdamer Familie Bolle in dem Gebäude ein Gasthaus. Im Haus Bolle stellte man Speiseeis her, verkaufte Hähnchen und betrieb im Erdgeschoss ein Lebensmittelgeschäft. Im Jahre 1964 wurde das Haus Bolle in Anlehnung an die Heimatstadt Potsdam der Familie Bolle in Haus Sanssouci (Haus ohne Sorgen) umbenannt und weiterverpachtet.

Nikolassee

Die Villenkolonie Nikolassee wurde auf einem ursprünglich zum Gut Düppel gehörenden Areal gegründet und ist nach dem gleichnamigen See benannt. Das Gewässer ist Teil der Grunewaldseenrinne und hieß im 13. Jahrhundert möglicherweise Tusen (mittelhochdeutsch = dunkel, verhüllend oder slawisch: »tuch« = faul, verdorben). Mit der Erwerbung des Gebietes durch das Kloster Lehnin 1242 bekam der See den mittelniederdeutschen Namen St. Clawes See. Der Name bedeutet »Heiliger Nikolaus«, so dass aus dem »Nicolas See« (1652) schließlich der Nikolassee wurde.

1894 kaufte die »Villen- und Landhaus-Bau-Gesellschaft, Heimstätten-Aktien-Gesellschaft« südlich der Spanischen Allee Land vom Prinzen Leopold, der es von seinem Vater Prinz Friedrich Karl geerbt hatte. Am 27. April 1901 wurde die Villenkolonie von der Heimstätten AG offiziell gegründet. Zu dieser Zeit hatte Nikolassee schon 96 Einwohner.

Als ältester Wohnhausneubau dürfte die denkmalgeschützte Villa im Reifträgerweg 7 gelten, die 1893 nach Plänen von Franz Böhmert errichtet wurde. Bauherrin war Marianne Kleeberg. Das Gebäude Quastheide 1 in Nikolassee stammt zwar aus der Zeit um 1780, ist aber ein Kolonistenhaus und gehört sowohl räumlich wie bauhistorisch nicht zur Villenkolonie.

Unter Regie der Heimstätten AG entstanden weitere Häuser vor der offiziellen Gründung der Kolonie: zwischen 1897 und 1901 in der Kurstraße 1a nach Plänen von C. Sause, zunächst als Privat-Heilanstalt, die Villa Condé vor 1897 im Reifträgerweg 12 und das Haus Matterhornstraße 67 nach Entwürfen von K. Grothe 1898/99. Die Häuser Matterhornstraße 88 und Krottnaurerstraße 8 errichtete die Heimstätten AG 1899/1900.

Die Villa in der Libellenstraße 12 wurde 1901 für den Ozeanologen Schröer fertiggestellt. In dieser Zeit (1901/02) entstanden auch die Villa Vanselow An der Rehwiese 14 von Becker & Schlüter, das Haus Leo in der Matterhornstraße 104 von J. Roesler, das Haus in der Teutonenstraße 18 von Robert Kleinau und die sogenannte Rosenburg in der Libellenstraße 17.

Diese pompöse Jugendstilvilla mit einem 3.166 Quadratmeter großen Grundstück, 1901 bis 1903 nach Plänen von Carl Vohl errichtet, fällt sofort auf, wenn man mit dem Auto von Dreilinden kommend in Richtung Avus fährt. Sie war zunächst Sitz der Heimstätten AG, später wohnte hier deren Direktor Hugo von Krottnaurer. Das Haus wurde in den 1970er Jahren erst als Altenheim genutzt und stand dann leer. Nur der Einspruch von Denkmalpflegern konnte das Gebäude vor dem bereits genehmigten Abriss bewahren.

In Nikolassee entstanden aber nicht nur klassische Villen, denn durch den Architekten Hermann Muthesius kam als neuer Typ das Landhaus hinzu. Muthesius (1861–1927) war von 1896 bis 1903 in der deutschen Botschaft in London beschäftigt. Im amtlichen Auftrag verfasste er dort als Attaché für Technik und Kultur zahllose Berichte zur englischen Architektur, die überwiegend im »Zentralblatt der Bauverwaltung« veröffentlicht wurden. Seine schriftstellerische Tätigkeit umfasst fast 500 Publikationen. Sein bekanntestes, drei Bände umfassendes Hauptwerk ist »Das englische Haus«, dessen erste Auflage 1904 erschien. Inspiriert von den englischen Landhäusern entwarf er ab 1904 über 100 Häuser in diesem Stil.

Das Landhaus Muthesius.

Im Gegensatz zu der hochherrschaftlichen zweigeschossigen Villa mit reicher Fassadengestaltung zeichnete sich das Landhaus durch schlichte Eleganz aus. Es kommt ohne Sockelgeschoss aus, so dass die Räume im Erdgeschoss direkt an den Garten angebunden sind. Die Landhäuser waren zweckmäßig, aber trotzdem behaglich. Muthesius gehörte somit in Deutschland zu den Initiatoren der sogenannten Landhausbewegung.

Um 1904 zog Muthesius nach Nikolassee und wohnte zunächst im Meyerhoffschen Haus (Libellenstraße 1–5). Auf dem Grundstück Potsdamer Chaussee 49 ließ er 1906 sein eigenes Landhaus errichten, das 1909 mit einem Anbau erweitert wurde. Es ist heute von Nachkriegswohnbauten eingepfercht. Fast zeitgleich entstand auf dem Nachbargrundstück (Nr. 48) das Haus Freudenberg. Am Kirchweg 33 entwarf Muthesius für Generaldirektor Wilhelm Merten den 1914/15 gebauten sogenannten Mittelhof. Seit 1976 ist dieses Gebäude Sitz der Historischen Kommission Berlin. Muthesius war Architekt vieler Häuser in Nikolassee. Allein in der Schopenhauerstraße entstanden zwischen 1907 und 1921 vier Gebäude (Nr. 46, 52, 53/55, 71).

Aber auch andere bekannte Architekten wirkten in Nikolassee. Zu den frühesten Bauten zählt das Haus Libellenstraße 15, 1908/09 von Alfred Grenander entworfen. Namhafte Architekten bauten auch in den 1920er und 1930er Jahren: Für das 1922 errichtete Haus Eichstaedt in der Dreilindenstraße 30 war Ludwig Mies von der Rohe verantwortlich. Das Haus am Kirchweg 57 von 1922/23 stammt von Heinrich Straumer. Otto Rudolf Salvisberg entwarf 1924/25 das Haus Spanische Allee 110 und von Egon Eiermann stammt das Haus in der Lohengrinstraße 32 von 1935/36.

1923 kam der Schriftsteller Arnold Zweig mit seiner Familie nach Berlin. Bis 1929 wohnte er in der Matterhornstraße 67. Nach seiner Zeit im Exil von 1933 bis 1948 zog er nach Niederschönhausen in die Künstlerkolonie Pankow.

Seit etwa 1908 gab es in Nikolassee auch elektrischen Strom, die Straßenbeleuchtung brannte werktags aber nur bis 23 Uhr. Nikolassee war am 1. April 1910 eine selbstständige Landgemeinde geworden und so wurde 1912 in der Alemannenstraße 10 ein Rathaus im Stil des norddeutschen Barock nach Plänen von Bruno Möhring errichtet. Gleichzeitig kam dort die Feuerwache unter, die 1975 aufgelöst wurde. Hier waren zeitweilig Filialklassen der Dreilinden-Grundschule und die Pestalozzi-Sonderschule untergebracht. Das Gebäude wird heute von der Polizeidirektion 4, Abschnitt 43 genutzt.

Den Nikolassee hatte Prinz Leopold an die Wasserwerke verkauft. Durch die starke Förderung wäre er fast ausgetrocknet. Der Architekt Muthesius klagte 1911: »Es ist anzunehmen, dass binnen wenigen Jahren der Schlachtensee ebenso verschwinden wird, wie der Nikolassee verschwunden ist.«[11] Die Gemeindevertretung wirkte darauf hin, dass der See 1910 eine neue Sohle bekam und wieder mit Grundwasser aufgefüllt wurde.

Am Kreuzungspunkt zweier Bahnlinien ging am 30. April 1902 der Doppelbahnhof Nikolassee in Betrieb. Man konnte nun entweder mit der Wannseebahn (seit 1874) über die südwestlichen Vororte nach Berlin fahren oder mit der Wetzlarer Bahn (seit 1879) durch den Grunewald nach Charlottenburg und in den Berliner Westen. Den Bahnhof mit dem prachtvollen Empfangsgebäude hatte die Heimstätten AG finanziert. Sie schrieb 1903 in einem Prospekt: »Etwa 50 Villen sind teils bezogen, teils sollen sie im Laufe dieses Jahres bezogen werden bzw. sind im Bau begriffen.«[12]

Im selben Jahr eröffnete auch das erste Postamt. Durch die gute Verkehrsanbindung an Berlin wohnten 1905 bereits 450 Personen in Nikolassee.

Schulen

Zwei traditionsreiche Schulen dürfen nicht unerwähnt bleiben: Das Werner-von-Siemens-Gymnasium ging aus einer 1895 eröffneten Privatschule in der Ahrenshooper Zeile 16 hervor. 1908 eröffnete die Privatschule Nikolassee für Mädchen einen Neubau in der Von-Luck-Straße 24. Der Architekt war Walter Lehweß, Zwillingsbruder der Schulleiterin Edith Lehweß. Den Namen Werner von Siemens' erhielt die Schule erst 1967. Im Jahre 1964 war man in das Schulhaus in der Beskidenstraße 1–3/Wasgenstraße 50 umgezogen, das man sich seither mit der Johannes-Tews-Grundschule teilt. Es handelt sich dabei um die ursprüngliche West-Schule, die 1905 von der Nord-Schule in Zehlendorf abgetrennt worden war. 1927 konnte ein eigenes Schulgebäude eingeweiht werden. Der Schulkomplex wurde später mehrfach erweitert.

Kirchen und Friedhöfe

Im Oktober 1907 eröffnete die Gemeinde am Kirchweg 8–12 einen Friedhof. Hier ruhen zahlreiche bekannte Persönlichkeiten, die in der Umgebung wohnten. Dazu zählen u.a. die CDU-Politiker Ferdinand Friedensburg und Peter Lorenz, der Schriftsteller Jochen Klepper, der Architekt Hermann Muthesius und der Verleger Axel Springer. Der Kirchhof ist 1913, 1918 und 1939/40 erweitert worden. Die Kapelle aus dem Jahr 1912/13 stammt von Johannes Bartschat.

Auf dem Friedhof gegenüber, am Kirchweg 19/21, entstand nach Plänen von Erich Blunck und Johannes Bartschat zwischen 1908 und 1910 eine Kirche, die am 13. März 1910 eingeweiht wurde. Die Innenausmalung übernahm der Kunstmaler Max Kutschmann. Charakteristisch ist der hohe, spitze Turm der Kirche, die mit dem Pfarrhaus durch eine Pergola am Hang zur Rehwiese verbunden ist. Das Gemeindehaus (Kirchweg 6) errichteten 1927/28 Walter Lehweiß und E. Breidenbend. Für den durch die Autobahn abgetrennten westlichen Abschnitt der Gemeinde errichtete Dietrich Noack 1968 an der Lohengrinstraße 20 ein weiteres Gemeindezentrum.

Bereits Mitte des 19. Jahrhunderts waren die Wald- und Seengebiete zwischen Potsdam und Zehlendorf beliebte Ausflugsziele. Am Schlachtensee, dessen westliche Hälfte zum Ortsteil Nikolassee gehört, wurde vermutlich 1853 das Ausflugsrestaurant Neue Fischerhütte eröffnet (im Gegensatz zur Alten Fischerhütte am östlichen Ende auf Zehlendorfer Gebiet). Im Zusammenhang mit dem Bau der Marinesiedlung, von 1938 bis 1943 nach Plänen des Architekten Erich Kühn errichtet, wurde die Gaststätte abgerissen. Sie lag im östlichen Teil der Siedlung (Am Schlachtensee 96). Direkt daneben, Am Schlachtensee 84/86, existierte bis 1955 das Lokal Schloß Schlachtensee (heute Grünanlage). Der ursprüngliche Name lautete Auf dem Kynast, davor Schweizerhaus. Bis 1976 gab es sogar noch eine Fährverbindung zum anderen Ufer.

Zu den frühen Ausflugslokalen am Wannsee gehörte der Beelitzhof. An der Ecke Am Beelitzhof 25/Kronprinzessinnenweg 140 richtete der Fischer W. Beelitz 1862 einen landwirtschaftlichen Betrieb ein, in dem seine Frau eine Gastwirtschaft eröffnete. Das Lokal hieß später Wilhelmshöhe. Es verfügte über einen Großen Saal, mehrere Hallen, Vereinszimmer, Salons und Stallungen für 100 Pferde. Zudem wurden hier Sommerwohnungen vermietet.

Der Gastwirt der Wilhelmshöhe, Eduard Schmidt, kaufte 1890 am Kronprinzessinnenweg 21 eine große Wiese neben dem Wasserwerk. Dort ließ er 1896 eine markante Fachwerk-Villa von Wilhelm Schuffenhauer errichten, die als Schloß Wannsee ein beliebtes Ausflugslokal wurde. Im Garten standen unter schattigen Bäumen in langen Reihen Tische und Stühle bis an das Wasser heran. Es verfügte über 2.000 Plätze und eine eigene Schiffsanlegestelle. Nach dem Zweiten Weltkrieg eröffneten die Amerikaner hier einen Club. Doch nach deren Abzug florierte das Lokal nicht mehr so recht. 1984 wurde es geschlossen.

Heute wird das Ensemble für Veranstaltungen und als Ausbildungs- und Schulungsort der Landesbank Berlin genutzt. Die unter Denkmalschutz stehenden Gebäude, Bootshallen und die Gartenanlagen wurden 2010 saniert und stehen für verschiedenste Veranstaltungen zur Verfügung.

An der Potsdamer Chaussee 87 kaufte Albert Mochow 1877 den Gasthof Neu-Zehlendorf in einem der alten Kolonistenhäuser. Als Mochow 1881 starb, führte seine Frau Anna die Gaststätte weiter. Ihre

Die Kirche in Nikolassee.

resolute, aber auch mütterliche Art der Gästebetreuung brachte ihr den Namen Mutter Mochow ein. 1896/97 entstand ein Neubau nach Plänen von Hermann Polkow. Nach einer Straßenverbreiterung ragt es heute etwas in den Bürgersteig hinein. 1907 übergab Anna Mochow das Lokal an ihren Sohn und dessen Frau, die ebenfalls Anna hieß. Sie führte die Tradition der Betriebsführung mit der Mischung aus Warmherzigkeit und Bestimmtheit fort. Das Lokal wurde 1940 geschlossen.

Die 1937 eröffneten Wannsee-Terrassen liegen etwas nördlich vom Strandbad Wannsee (Wannseebadweg 35). Es brannte zweimal vollständig ab: 1947 löste vermutlich ein Kurzschluss den Brand aus, doch 1950 erstand das Haus neu. Aber am Morgen des ersten Weihnachtsfeiertages 2001 vernichtete ein Großfeuer das Lokal erneut. In beiden Fällen wirkte sich das reetgedeckte Dach verheerend aus. Am 2. Dezember 2002 wurde die Ruine abgerissen. 2013 begann der Neubau durch den Unternehmer Harald Huth, der das Lokal 2014 eröffnen will.

Seit 1983 betrieb Kalle Gaffkus eine Prominenten-Kneipe im Bahnhof Schlachtensee. Hier bekochte er Stammgäste wie Götz George, Brigitte Mira, Heinrich Lummer, Peter Alexander, Eberhard Diepgen und

Günter Pfitzmann (Reifträgerweg 30). Von 1960 bis 1962 war Karlheinz Gaffkus mit der Schauspielerin Karin Baal verheiratet. 2001 ging er in den Ruhestand und zog sich nach Bayern zurück.

Schlachtensee

Schlachtensee ist verwaltungsmäßig kein eigener Ortsteil, sondern eine Ortsbezeichnung ohne scharfe Grenzen. Die Siedlung liegt je zur Hälfte in Zehlendorf und Nikolassee und reicht etwa vom Schlachtensee bis zur Stadtgrenze und von der Spanischen Allee bis zur Bergengruenstraße. Diese östliche städtebauliche Trennlinie zeichnet sich durch eine Veränderung des Straßennetzes aus: Das vorwiegend rechtwinklige Straßenraster von Schlachtensee wandelt sich in ein System von kurvigen und schwingenden Straßentrassen der 1903 gegründeten Villenkolonie Zehlendorf-West. Verwaltungsmäßig gehört der östliche Teil von Schlachtensee seit 1898 zu Zehlendorf. Die Grenze bildete die östliche Seite der Breisgauer Straße.

Noch bevor der Bau von Villen südlich des Schlachtensees im großen Stil begann, drohte der Idylle ein vorzeitiges Aus: 1889 kaufte der Ingenieur Benno Orenstein am Güterbahnhof Schlachtensee das Gelände Breisgauer Straße 1, 3, 5, 7/Matterhornstraße und eröffnete dort ein Jahr später die Märkische Lokomotivenfabrik. Hier wurden leichte Feldbahnloks gebaut, pro Woche eine. Das »Teltower Kreisblatt« meldete am 20. September 1895: »Die Feier der Vollendung der 100. Lokomotive beging am vergangenen Sonnabend die Märkische Lokomotivfabrik in Schlachtensee; nach kaum dreijährigem Betriebe hat diese Fabrik diesen bedeutenden Erfolg zu verzeichnen. Die Märkische Lokomotivfabrik hat ihr Absatzgebiet im In- wie im Auslande, im letzteren namentlich gegen englischen und amerikanischen Wettbewerb zu erringen und zu erweitern gewußt.«

Tatsächlich wurden Loks aus Schlachtensee bis nach Rumänien und sogar nach Brasilien geliefert. Bald war das Gelände zu klein, doch die örtliche Verwaltung und die Villenbesitzer verhinderten weitere Grundstücksverkäufe an die Firma und die Ämter schränkten die Produktion mit Auflagen ein. Daher zog die Fabrik um die Jahreswende 1898/99 auf ein größeres Gelände nach Drewitz. Die Fabrikanlagen wurden um 1900 abgerissen. Lediglich das Orensteinsche Haus in der

Die historische Postkarte zeigt die noch spärliche Bebauung in der heutigen Breisgauer Straße.

Breisgauer Straße 5 blieb bis Ende 2007 erhalten. Auf dem Gelände entstand 2011/12 ein Haus mit sechs Wohnungen, Einzelhandelsgeschäften (Discounter) und Flächen für Büros und Praxen. So wurde der Charakter der Breisgauer Straße als örtliches Zentrum gestärkt.

Die Heimstätten AG hatte bereits 1894 von den Bauern 120 Morgen Land östlich der Breisgauer Straße gekauft und gleich mit der Erschließung des Baugeländes begonnen. Doch dass hier bereits vorher gebaut wurde, belegt ein weiterer Bericht aus dem »Teltower Kreisblatt« vom 7. März 1893: »Die Baulust in Zehlendorf und Umgegend hat in erfreulicher Weise zugenommen. Namentlich wird in den so nahe gelegenen Villenorten Schlachtensee und Wannsee mit fieberhafter Thätigkeit gearbeitet.«

Eineinhalb Jahr später, am 18. November 1894, konkretisierte das Blatt: »Unser dicht an den Grunewald-Seen in schönster Waldes-Idylle gelegener Ort hat durch die Straßenanlagen und Bauten der Heimstätten-Aktien Gesellschaft eine bedeutende Vergrößerung erfahren. Die großartigen Straßenzüge zwischen der Wannseebahn und der Potsdamer Chaussee sind nunmehr fertig gestellt und bepflanzt, die Wasserleitung gelegt, und mit der Anlage von Gasleitung ist man

Moderne Stadtvillen im Reifträgerweg, 2013.

eben beschäftigt. Ein reges Bild wirthschaftlicher Thätigkeit hat sich hier entfaltet, da bereits fünfzehn Bauten im Rohbau vollendet sind.«

Im Osten von Schlachtensee ließ die Heimstätten AG Häuser bauen, die für den Mittelstand erschwinglich sein sollten. Auf 400 bis 900 Quadratmeter großen Grundstücken entstanden Häuser mit nur drei bis vier Zimmern. Für solche kleinen »Anwesen« benötigte der Eigentümer keine Bediensteten wie Gärtner oder Haushälterinnen.

1894 gab es in Schlachtensee 35 Häuser, 1897 waren es 40. Zu dieser Zeit hatte die Heimstätten AG im Westen weitere 80 Morgen Land dazu gekauft. Entweder veräußerte die Terraingesellschaft nur die Baugrundstücke an Bauherren oder erstellte gleich schlüsselfertige Häuser. Im Jahre 1900 lebten 1.134 Einwohner in 261 Haushalten, fünf Jahre später hatte sich die Zahl bereits verdoppelt. Daran hatte die gute Bahnanbindung ihren Anteil. Die Station Schlachtensee war bereits am 1. Juni 1874 mit dem noch erhaltenen Empfangsgebäude eröffnet worden. 1891 entstand der heutige Mittelbahnsteig.

Zu den ältesten noch erhaltenen Häusern gehören die Gebäude Eiderstedter Weg 27 (1894/95), Salzachstraße 41 (1898) und 45 (1896/97), Ahrenshooper Zeile 2 (1895) und 3 (1896). Zwei weitere prägnante Bau-

Die Johanneskirche in Schlachtensee.

ten aus der Frühzeit Schlachtensees verschwanden durch das Projekt des Immobilienentwicklers Sc-Consult. Die Gesellschaft hatte das Grundstück Reifträgerweg 1–5/Altvaterstraße 12 im Jahre 2009 erworben. Im ersten Schritt wurden im Frühjahr 2010 sämtliche Bestandsbauten des Altersheims und das Diakonissenhaus Schlachtensee komplett entfernt. Anschließend erfolgte die Aufteilung in Baugrundstücke für Stadtvillen.

Kirchen

Mit der Johanneskirche bekam Schlachtensee ein eigenes Gotteshaus, nachdem 1907 ein eigener Pfarrbezirk eingerichtet worden war. Das Gebäude, nach Entwürfen von Georg Büttner an der Matterhornstraße 37–39 errichtet, konnte am 22. September 1912 eingeweiht werden. Der an einen italienischen Campanile erinnernde Turm leitet mit einem Zwischenbau zum gleichzeitig gebauten Pfarr- und Gemeindehaus an der Matterhornstraße über. Die Kirche erhielt Zehlendorfs älteste Glocke, die aus der alten Zehlendorfer Dorfkirche aus der Zeit um 1300 stammt.

Gaststätten

Der Name der Kolonie leitet sich vom gleichnamigen See her, an dessen Ufer sich bereits im Mittelalter ein Dorf namens »Slatdorp« befand, das aber frühzeitig wieder aufgegeben wurde. Im Laufe der Zeit entwickelte sich dort eine kleine Gastwirtschaft, die laut einigen Quellen schon seit 1723 bestand. Einer Sage zufolge soll ein Teil des Hauses noch der Rest eines Vorgängerbaus des wüst gewordenen Dorfes gewesen sein. 1801 lebten dort zwei Fischerfamilien, 1853 sieben Personen in zwei Fischerhäusern. Am 2. März 1863 brannte das Lokal ab. Der Zehlendorfer Großgrundbesitzer Pasewaldt, dem das Grundstück gehörte, ließ an gleicher Stelle ein neues, größeres Restaurant, die Alte Fischerhütte, errichten. 1877 kamen Gesellschaftsräume und 1892 ein weiterer großer, verglaster Tanzsaal dazu.

Das Lokal am Ostende des Sees steht an der Verbindungsstraße mit Zehlendorf, die seit 1933 deswegen Fischerhüttenstraße heißt (Nr. 136). Rund 100 Jahre nach seiner Eröffnung wurde das älteste Ausflugslokal Berlins geschlossen und verfiel. 2002 übernahm Josef Laggner das Lokal, dem auch das Lutter & Wegner am Gendarmenmarkt und das Café Josty am Potsdamer Platz gehören. Am 1. April 2003 begann der Wiederaufbau nach Plänen von Herbert Müller. Heute umfasst das Ensemble einen Biergarten, ein Restaurant mit Sonnenterrasse, eine Bar, eine Weinhandlung und einen Kinderspielplatz. Auch ein Festsaal ist wieder erstanden, den es zu früheren Zeiten schon gegeben hat.

Dahlem – Villenkolonie und Wissenschaftsstandort

Zwischen 1800 und 1804 wurden alle Dahlemer Bauern ins benachbarte Schmargendorf umgesiedelt, die landwirtschaftlichen Flächen wurden dem Rittergut Dahlem zugeschlagen. 1841 verkaufte es die Tochter des letzten Besitzers Beyme an den preußischen Domänenfiskus. Ende des 19. Jahrhunderts gab es für die rund 500 Hektar große Domäne (Staatsgut) verschiedene Pläne. Man dachte zunächst an die Anlage von Rieselfeldern, an einen großen Zentralfriedhof oder an die Bebauung mit vier- bis fünfgeschossigen Mietshäusern.

In diesem Zusammenhang plante man auch die Errichtung staatlicher Bauten und wissenschaftlicher Institute, man erwog sogar die

Kaiserliche Biologische Anstalt für Land- und Forstwirtschaft.

Verlegung der Universität. Das erste staatliche Projekt auf dem Domänengelände war der Botanische Garten. Er wurde in den Jahren 1899 bis 1906 vom Kleistpark hierher verlegt, liegt aber heute vollständig auf Lichterfelder Gebiet.

Die beabsichtigte Verlegung der Berliner Sternwarte nach Dahlem kam nicht zustande; sie wurde 1913 in Babelsberg neu eröffnet.

1901 erschloss man große Teile der Domäne für einen Villenvorort, reservierte aber auch Flächen für wissenschaftliche und kulturelle Institutionen des Staates. Als erste Straße entstand ab August 1901 die Altensteinstraße. Zu den ältesten noch erhaltenen Bauten gehören das Landhaus Bernadottestraße 56/58 (1906; Muthesius) und die Wohnhäuser in der Liebensteinstraße 4 (1904), in der Ehrenbergstraße 29 (1906/07) sowie in der Podbielskiallee 61 (1907/08) und 65 (1908/09; heute Botschaft des Iran). Bis zur Eingemeindung nach Berlin 1920 waren 417 Wohnhäuser entstanden.

Zwischen 1904 und 1906 folgte die Verlegung naturwissenschaftlicher Staatsbehörden. Zunächst etablierte sich in Sichtweite des Botanischen Gartens die Kaiserliche Biologische Anstalt für Land- und

Forstwirtschaft in der Königin-Luise-Straße 17–25. Die spätere Bundesanstalt gehört seit 2008 zum Julius Kühn-Institut – Bundesforschungsinstitut für Kulturpflanzen.

Auf Lichterfelder Gebiet bekam das Königliche Materialprüfungsamt neue Dienstgebäude in der Straße Unter den Eichen 87 (heute Bundesanstalt für Materialforschung und -prüfung). Gegenüber, auf Dahlemer Gebiet, entstand für das Gesundheitsamt ein größerer Komplex in der Thielallee 88–92/Unter den Eichen 82–84 (heute Teil des Bundesinstituts für Risikobewertung) und zwischen 1911 und 1913 ein weiteres Institutsgebäude am Corrensplatz 1 (heute Teil des Umweltbundesamtes), das 1935 erweitert wurde.

Mit der Gründung der »Kaiser-Wilhelm-Gesellschaft zur Förderung der Wissenschaften« (KWG) 1911 (seit 1948 Max-Planck-Gesellschaft, MPG) entstanden in Dahlem, dem »deutschen Oxford«, zahlreiche wissenschaftliche Institute von Weltruhm, in denen ein Dutzend Nobelpreisträger arbeiteten.

Bereits seit 1908 war auf Anregung von Friedrich Althoff, Ministerialdirektor im preußischen Kultusministerium, ehemaliges Land der Domäne Dahlem dafür reserviert worden. Viele wissenschaftliche Einrichtungen konnten ihren Raumbedarf in der Innenstadt angesichts wachsender Aufgaben nicht mehr decken.

Am Faradayweg 6 wurde 1912 das KWI für Physikalische Chemie und Elektrochemie eröffnet. Nach dem Zweiten Weltkrieg entstand daneben am Faradayweg 4 ein Erweiterungsbau. Die Forschungseinrichtung nennt sich heute Fritz-Haber-Institut, benannt nach dem ersten Direktor, der die daneben liegende Dienstvilla (Hittorfstraße 24/ Faradayweg 8) bezog. Das Gebäude Faradayweg 16, in dem von 1929 bis 1934 das Institut für Faserstoffchemie untergebracht war, gehört heute ebenfalls zum Fritz-Haber-Institut.

Fritz Haber entwickelte ein Verfahren zur Ammoniak-Synthese und erhielt dafür 1918 den Nobelpreis für Chemie. Durch dieses Verfahren konnte man in ausreichenden Mengen Düngemittel herstellen. Dadurch gab es in den Industrie- und Schwellenländern seit dem letzten Jahrhundert keine Hungersnöte mehr. Das Verfahren dient aber auch zur Herstellung von Sprengstoffen. Zu Beginn des Ersten Weltkrieges experimentierte Haber mit Phosgen und Chlorgas, die dann 1915 in Flandern als erste Giftgas-Waffen eingesetzt wurden. Seine erste Frau Clara, selbst promovierte Chemikerin, war darüber so entsetzt,

Die Haber-Villa in der Hittorfstraße 24/Faradayweg 8, 2013.

dass sie sich am 2. Mai 1915 mit der Dienstwaffe ihres Mannes im Garten der Villa erschoss. Die bereits seit Jahren zerrüttete Ehe und vergebliche Bemühungen, selbst wissenschaftlich zu arbeiten, könnten weitere Gründe für ihren Suizid gewesen sein. Haber ließ sich davon nicht beirren und fuhr noch am selben Tag nach Galizien, um weitere Giftgaseinsätze vorzubereiten. 1919 wurde Haber, wie viele andere für die Rüstungsindustrie tätige Wissenschaftler, auf eine Liste zur Auslieferung an die Alliierten gesetzt. Haber floh in die Schweiz, konnte aber Ende des Jahres (die Liste wurde aufgehoben) nach Deutschland zurückkehren und die KWI-Leitung wieder übernehmen. Da Haber einer jüdischen Familie entstammte, musste er 1933 die Institutsleitung abgeben. Er verließ Deutschland und starb ein Jahr später 66-jährig auf einer Durchreise in Basel.

Auch für die Erholung der Wissenschaftler war gesorgt: Anstelle des heutigen Hörsaals der Wirtschaftswissenschaften der Freien Universität an der Boltzmann-/Ecke Garystraße befand sich einst einEntenteich, der 1937 zu einem Schwimmbad für Mitglieder der KWG umgebaut wurde.

Am 7. Mai 1929 eröffnete ein Gäste- und Clubhaus für auswärtige Wissenschaftler in der Ihnestraße 16–20. Zu der Anlage gehören auch Tennisplätze und ein Schwimmbad. Das US-Militär nutzte das Haus während der Besatzungszeit als Offizierskasino. Seit 1994 untersteht das sogenannte Harnack-Haus wieder der MPG als Nachfolgerin der KWG und konnte am 21. Juni 2000 als Tagungsstätte wiedereröffnet werden. Der Theologe Adolph von Harnack war erster Präsident der KWG, von 1945 bis 1948 hatte der Chemiker Robert Havemann den Posten inne.

Obwohl in den letzten Monaten des Zweiten Weltkrieges viele Institute nach Süd- und Westdeutschland verlagert wurden, baute man den Berliner Standort der MPG weiter aus.

1963 und 1974 entstanden die Institute für Elektronenmikroskopie I (Van't-Hoff-Straße 9) und Elektronenmikroskopie II (Ernst-Ruska-Bau, Van't-Hoff-Straße 17). Das Institut für Molekulare Genetik wurde 1970 in der Ihnestraße 73 eröffnet.

Das zwischen 1972 und 1974 errichtete Institut für Bildungsforschung und seit 1979 die Berliner Elektronenspeicherring-Gesellschaft für Synchrotonstrahlung (BESSY) liegen beide an der Lentzeallee, aber bereits in Wilmersdorf.

In der Boltzmannstraße 14 war von 1930 bis 1972 das Institut für Zellphysiologie beheimatet. Hier forschte der Biochemiker und Mediziner Otto Warburg. Das Gebäude, dessen äußere Gestaltung sich an einem märkischen Herrenhaus orientierte, wurde u. a. mit Mitteln der Rockefeller-Foundation finanziert. 1931 erhielt Warburg den Nobelpreis für die Entdeckung der Natur und der Funktion des Atmungsferments. Er wohnte wenige Schritte vom Institut entfernt in der Dienstvilla in der Garystraße 18. Im Garten baute Warburg selbst sein Obst und Gemüse an und hielt sich zeitweilig sogar eine Kuh, deren Milch im Institut zur Herstellung von Butter zentrifugiert wurde. Warburg verstarb 1970 an den Folgen eines Oberschenkelhalsbruchs, den er sich beim Sturz von der Leiter in der Institutsbibliothek zugezogen hatte. Seit März 1978 sind im Institut die Archive der KWG und der MPG untergebracht – aber nicht vollständig. Wie die »Berliner Zeitung« am 19. August 2008 berichtete, übergab der Mitarbeiter und Lebensgefährte Warburgs Jacob Weiss in der Dahlemer Villa am 10. November 1978 einem Unterleutnant der Stasi-Hauptabteilung I 62 handgeschriebene Tagebücher des Wissenschaftlers. Was sich die DDR für Informationen erhoffte,

Einweihung des Hahn-Meitner-Instituts am 14. März 1959 in Anwesenheit von Prof. Otto Hahn und Prof. Lise Meitner.

ist unbekannt. Heute werden die Tagebücher im Archiv der Akademie der Wissenschaften in Berlin aufbewahrt.

Da durch die Verlagerung vieler Institute etliche Gebäude der KWG leer standen, konnten diese von der 1948 gegründeten Freien Universität genutzt werden. Dazu gehören z. B. die früheren Institute für Experimentelle Therapie in der Thielallee 69–73 (eröffnet 1913) und für Biologie in der Boltzmannstraße 3 (eröffnet 1916). Das 1911/12 errichtete Chemische Institut in der Thielallee 63 heißt heute Otto-Hahn-Haus, da Hahn und seinen Mitarbeitern hier 1938 weltweit die erste Uranspaltung gelang.

Eine Gedenktafel am Gebäude erinnert seit dem 17. Dezember 1956 daran. Seit 1984 dient das Gebäude dem Institut für Chemie und Biochemie der Freien Universität. Auf dem jetzigen Parkplatz daneben befand sich früher die Direktorenvilla des KWG-Instituts für Chemie, in der die Physikerin Lise Meitner bis zu ihrer Emigration 1938 wohnte.

Noch ein weiterer berühmter Physiker, der Nobelpreisträger Albert Einstein, wohnte von April bis November 1914 in der Ehrenbergstraße 33 (Gedenktafel: 22. Oktober 2005).

Das 1927 eröffnete Institut für Anthropologie, menschliche Erblehre und Eugenik in der Ihnestraße 22/24 ist heute Teil des Otto-Suhr-Institutes für Politologie, wo Gesine Schwan seit 1977 Professorin war.

Die Landwirtschaftliche Hochschule zog Anfang der 1920er Jahre nach Dahlem. Nach Plänen von Heinrich Straumer entstanden zwischen 1921 und 1929 am Albrecht-Thaer-Weg 1–8 die Gebäude in Etappen. 1934 wurde die Hochschule in die Friedrich-Wilhelms-Universität eingegliedert. Die 1939 an der Lentzeallee 75 begonnenen Institutsbauten konnten kriegsbedingt nur bis zum Rohbau fertiggestellt werden. Nach dem Krieg übernahm die Freie Universität diese Gebäude und stellte sie fertig.

Neben den Forschungsinstituten gewann Dahlem als Museumsstandort an Bedeutung. Zu Beginn des 20. Jahrhunderts plante man im Zuge von Umstrukturierungsmaßnahmen bei der Neuorganisation der Sammlungen einen Teil der Staatlichen Museen auf dem Gelände der Domäne Dahlem zu platzieren. So begann 1914 der Bau des Asiatischen Museums in der Arnimallee 23–27. Wegen durch den Ersten Weltkrieg bedingte Bauunterbrechungen konnte der Bau erst zwischen 1921 und 1923 vollendet und bezogen werden. Zunächst wurde er aber als Magazin für das Völkerkundemuseum genutzt. Nach dem Zweiten Weltkrieg nahm es vorübergehend große Teile der ausgelagerten und zurückgekehrten Kunstschätze wieder auf, obwohl teilweise Verluste von 80 bis 90 Prozent der Sammlungen zu verzeichnen waren. In den Altbau Arnimallee zog das ehemalige Museum für Völkerkunde, das seit dem 1. Januar 2000 den Namen Ethnologisches Museum trägt. Zwischen 1966 und 1970 begann der Ausbau des Dahlemer Museumskomplexes durch Erweiterungen des Altbaus. Zwischen Arnimallee, Taku-, Lans- und Fabeckstraße entstand der Neubaukomplex in mehreren Bauabschnitten nach Plänen von Bruno Grimmeck, Wils Ebert und Fritz Bornemann.

Das Museum für Indische Kunst (bis 1963 Teil des Museums für Völkerkunde) und das Museum für Ostasiatische Kunst bekamen einen Neubau in der Takustraße 40. 2006 vereinigte man beide Sammlungen zum Museum für Asiatische Kunst.

Das Museum Europäischer Kulturen Im Winkel 6–8 wurde von 1970 bis 1974 als Wiederaufbau des zerstörten Magazinflügels des Geheimen Preußischen Staatsarchivs errichtet. In dem neuen Anbau wurde ein separater Eingangsbereich gebaut.

Nach dem Fall der Berliner Mauer wurden die Sammlungen der Staatlichen Museen neu geordnet. In diesem Zusammenhang verlor Dahlem als Museumszentrum an Bedeutung.

Die Bestände der Skulpturengalerie (ehemals Arnimallee 23–27) und des Museums für Islamische Kunst führte man 1992 mit denen auf der Museumsinsel zusammen.

Das Kupferstichkabinett befindet sich heute am Matthäikirchplatz 8, während die Gemäldegalerie (ehemals Arnimallee 23–27) in den 1991 begonnenen Neubau am Kulturforum zog. Der Umzug von Dahlem in die Stauffenbergstraße 40 begann am 8. September 1997.

Auch zwei andere Museen, die nicht zu den staatlichen Sammlungen gehören, sind nicht mehr in Dahlem: Das ehemalige Insekteninstitut und -museum (Entomologisches Museum) mit Direktorenwohnhaus wurde 1909/11 nach Plänen von Heinrich Straumer in der Ehrenbergstraße 26–28/Goßlerstraße 20 errichtet und am 14. Januar 1912 eröffnet. 1922 übernahm es die Kaiser-Wilhelm-Gesellschaft. Kriegsbedingt verlegte man die Einrichtung 1943 nach Waren/Müritz; sie kehrte nicht nach Dahlem zurück. In das ungenutzte Gebäude zogen 1950 Abteilungen der MPG für Erbbiologie und Genetik. Später nutzten die Biologen der Freien Universität das Haus. Heute ist hier die Sinologische Abteilung des Ostasiatischen Seminars der Freien Universität untergebracht.

Die Sammlungen des Geheimen Preußischen Staatsarchivs lagerten vom 15. Jahrhundert bis 1874 im Berliner Stadtschloss. Danach kamen die Bestände in ein Gebäude in der Klosterstraße. Doch auch dieses Domizil war bald zu klein. Daher begann man 1914/15 nach Plänen von Eduard Fürstenau einen Neubau in der Archivstraße 12–14, der wegen des Ersten Weltkrieges erst am 26. April 1924 eröffnet werden konnte. Durch Einwirkungen des Zweiten Weltkrieges (vor allem Brände) verlor das Archiv erhebliche Teile seiner Bestände.

Für die Erreichbarkeit der Institute und Museen, aber auch, um Dahlem als Wohnort interessant zu machen, war die Schaffung einer schnellen Verkehrsverbindung nach Berlin erforderlich. Die Bahnhöfe an der Berlin-Potsdamer Eisenbahn, »Lichterfelde-West« (eröffnet am 15. Dezember 1872) und »Botanischer Garten« (eröffnet am 1. Mai 1909) streiften nur den Südrand des Dahlemer Komplexes und hatten lange Fußwege zur Folge. Seit 1905 fuhr eine Straßenbahn vom Bahnhof Steglitz über Grunewald- und Königin-Luise-Straße bis an den Rand des Grunewaldes (1959 stillgelegt). Den ursprünglichen Plan, die Linie

Der Bahnhof Podbielskiallee in der ersten Zeit nach der Eröffnung.

bis zum Jagdschloss Grunewald zu führen, wurde vom preußischen Forstfiskus verhindert.

Am 12. Oktober 1913 wurde die U-Bahnlinie eröffnet, die vom U-Bahnhof Wittenbergplatz über Wilmersdorf Richtung Dahlem führte. Auf Dahlemer Gebiet war es zunächst der Bahnhof Breitenbachplatz nach einem Entwurf von Wilhelm Leitgebel, der einzige unterirdische U-Bahnhof in Zehlendorf. Nach Unterfahrung der Schorlemer Allee wurde die Linie als offene Einschnittbahn weitergeführt. Schon der nächste Bahnhof Podbielskiallee liegt unter freiem Himmel. Das Zugangsgebäude von Heinrich Schweitzer erinnert an ein märkisches Stadttor.

Das Empfangsgebäude der Station Dahlem-Dorf entwarfen die Brüder Friedrich und Wilhelm Hennings. Es besteht aus Fachwerk und ist dem niederdeutschen Hallenhaus nachempfunden. Das Rohrdach brannte am 27. Dezember 1980 ab, wurde aber 1981 wiederhergestellt. Wegen der Nachbarschaft der Domäne Dahlem witzelt man, dies sei Deutschlands einziger Bauernhof mit U-Bahnanschluss.

Die vorerst letzte Station Thielplatz gestaltete Heinrich Straumer. Dabei gab es auf diesem Streckenabschnitt das größte Problem: Dort entdeckte man 1911 in vier Metern Tiefe einen Findling mit einem Umfang von zehn Metern und einem Gewicht von etwa 50 Tonnen. Selbst ein Gespann mit 16 Ochsen schaffte es damals nicht, den Granitblock von der Stelle zu bewegen. Mittels Flaschenzügen und Rundhölzern wurde er schließlich aus der Baugrube gezogen und steht noch heute am Thielpark Löhleinstraße/Im Schwarzen Grund. Die Verlängerung bis Krumme Lanke ging erst 1929 in Betrieb.

Prominente Bewohner Dahlems

Schon 1898 gab es für Dahlem einen Plan zur Entwicklung einer Villenkolonie, der einen Verbund mit den bereits bestehenden Villenkolonien in Grunewald und Lichterfelde vorsah. Nach Auslaufen des letzten Pachtvertrages der Domäne Dahlem trat am 25. März 1901 das »Gesetz zur Aufteilung des Domänengeländes« in Kraft. Für die Aufteilung und den Verkauf war die »Königliche Kommission zur Aufteilung der Domäne Dahlem« zuständig. Die seit 1919 staatliche Kommission wurde 1933 im Rahmen von Verwaltungsreformen aufgelöst.

Die großen Alleen, die zwischen 1902 und 1907 angelegt wurden, erhielten als Reitweg breite Mittelstreifen, die noch heute existieren.

Zwischen 1901 und 1915 wuchs die Anzahl der Bewohner von 194 auf 5.500. Im gleichen Zeitraum entstanden 384 private Neubauten. Die verbesserte Verkehrsanbindung an die Berliner Innenstadt zog immer mehr finanzkräftige Bewohner an. Die Käufer von Grundstücken mussten innerhalb von zwei Jahren ein villenartiges Haus errichten, ansonsten drohten Vertragsstrafen. Damit sollte dem spekulativen Kauf von Parzellen mit dann brachliegenden, verwilderten Grundstücken in einer gehobenen Wohngegend vorgebeugt werden.

Die Besiedlung Dahlems blieb aufgrund der hohen Grundstückspreise nur wohlhabenderen Schichten vorbehalten, unter ihnen etliche Schauspielerinnen und Schauspieler. Henny Porten bezog 1922 die Villa Bernadottestraße 74. Sie hatte das 1913 errichtete Haus vom Bildhauer Carl Ebbinghaus gekauft. Der war von ihrer Ausstrahlung so beeindruckt, dass er die Porten dafür gewinnen konnte, für den »Kopf der Minerva« Modell zu sitzen. Die 1929 geschaffene Büste hängt noch heute über dem Eingang des ehemaligen KWG-Gebäudes Ihnestraße 22 (heute Otto-Suhr-Institut für Politikwissenschaften der Freien Universität).

Das Wohnhaus von Bernhard Minetti in der Peter-Lenné-Straße 14.

1921 heiratete Henny Porten den jüdischen Arzt Wilhelm von Kaufmann-Asser. Im »Dritten Reich« drängte man die Schauspielerin, sich von ihrem Ehemann zu trennen. Sie weigerte sich und wurde daraufhin boykottiert. Das große Haus in Dahlem konnte sie deswegen finanziell nicht mehr halten und das Ehepaar musste 1935 in eine Wohnung am Brixplatz in Westend ziehen. Dort wurden sie 1944 ausgebombt.

In der Porten-Villa wurde 1927 der Film »Die große Pause« gedreht. Das Haus war durch Umbauten 1968 stark verändert worden, wurde aber von einem neuen Eigentümer 1996 weitgehend in den Urzustand zurück versetzt.

Elisabeth Bergner spielte von 1921 bis 1928 an Berliner Theatern. Im April 1925 kaufte sie mit ihrer Freundin Viola Bosshardt zu gleichen Teilen das Haus im Faradayweg 15. 1933 kehrte sie von Dreharbeiten in England nicht wieder nach Deutschland zurück. Die Nazis wollten sie zur Rückkehr bewegen und sicherten ihr zu, unbehelligt arbeiten zu können. Doch die Bergner wollte als Jüdin nicht von Goebbels Gnaden abhängig sein und blieb, wo sie war. Da machten die Nazis kurzen Prozess – Haus und Inventar wurden zwangsversteigert. Freunde

Der Bungalow von Rudolf Platte in der Starstraße 7, 1968.

der Schauspielerin steigerten mit und retteten so einige Bilder, Bücher und das Silber. Davon schaffte man so viel wie möglich nach London. Heute ist in dem Haus die Kita der evangelischen Kirchengemeinde Dahlem untergebracht.

Bernhard Minetti zog 1936 von Steglitz in die Peter-Lenné-Straße 14. Er war von 1930 bis zum Kriegsende 1945 am Staatstheater in Berlin engagiert und spielte u. a. unter Gustaf Gründgens als Theaterstar der 1930er Jahre in Berlin die großen klassischen Rollen. Später zog er in die Podbielskiallee, während er zuletzt wieder ein Haus in der Peter-Lenné-Straße mietete. Noch mit 82 Jahren spielte er das Ein-Personen-Stück »Einfach kompliziert«. Niemand wird den betagten Minetti je vergessen, wie er als alter, hagerer, weißhaariger Mann mit langen Augenbrauen und einem markanten Gesicht auf der Bühne agierte, gekonnt Grimassen schnitt und seine vom Alter gezeichnete Stimme einen interessanten dumpf-heiseren, aber kraftvollen Klang hatte. Er starb 1998 im Alter von 93 Jahren.

Curd Jürgens wuchs zwar in Westend auf, wohnte aber Ende der 1930er Jahre zur Untermiete in der Max-Eyth-Straße 27. Das Haus war

1921/22 für den Bankier Ludwig Berliner erbaut worden, der als Jude nach Auschwitz deportiert wurde, wo er am 15. August 1942 starb. Von 1973 bis 1983 war in seinem Haus eine Sammlung kunsthandwerklicher Arbeiten des Jugendstils, des Art déco und des Funktionalismus untergebracht, das sogenannte Bröhan-Museum.

Rudolf Platte wohnte schon Anfang der 1930er Jahre in der heutigen Clayallee. 1957/58 ließ er sich in der Starstraße 7 einen Bungalow errichten. Platte starb 1984 im Alter von 80 Jahren, acht Tage nach dem Tod seiner Frau Georgia Lind. Mit der Schauspielerin war er zweimal verheiratet. Sein Bungalow wurde 1985 abgerissen.

Fast um die Ecke, 500 Meter entfernt, wohnte die Schauspielerin und Sängerin Hildegard Knef. Nach ihrem USA-Aufenthalt bezog sie von 1958 bis 1961 eine Villa in der Finkenstraße 11. Allerdings brachte es die Knef auf 16 verschiedene Berliner Adressen, nicht mitgezählt die Domizile außerhalb der Stadt. Als die Wohnung der jungen Schauspielerin 1944 ausgebombt wurde, kam sie bei einem Ufa-Mitarbeiter am Teltower Damm 5 unter, zog aber 1945/46 in die Kleiststraße 9 in Zehlendorf. 1998 erfolgte der Umzug in eine Doppelhaushälfte an der Lindenthaler Allee 21. Schließlich siedelte sie mit ihrem dritten Ehemann Paul von Schell nach Kleinmachnow über, in das Haus Gradnauer Straße 18.

So wie Platte und die Knef wohnten auch in der Nachkriegszeit Schauspieler in Dahlem, z. B. Carl Raddatz in der Straße Am Schülerheim 6 (Gedenktafel 21. August 2012) und Blandine Ebinger. Auch sie wechselte oft ihren Wohnort. 1981 bezog sie den Neubau in der Pücklerstraße 8, wo sie bis zu ihrem Tod am ersten Weihnachtsfeiertag 1993 wohnte. Ihr damaliger Ehemann Friedrich Hollaender schrieb ihr 1929 ein Chanson. In der letzten Strophe heißt es: »Wenn ick mal tot bin, denn fängt erst mein Leben an, / wenn ick durchs Wolkenmeer in'n Himmel schweben kann. … Wenn ick mal tot bin, wenn ick mal tot bin, is mein schönster Tach!«[13]

In Dahlem wohnten natürlich nicht nur Schauspieler, sondern auch »Banquiers«, Direktoren und Diplomaten. Zu ihnen gehörte Julius Eduard von Schnitzler, Generalkonsul und königlich-preußischer Geheimer Legationsrat. Am 28. April 1918 wurde sein Sohn Karl-Eduard von Schnitzler geboren, später politischer Chefkommentator des DDR-Fernsehens. Bekannt wurde er durch seine Sendung »Der schwarze Kanal«, die von 1960 bis 1989 wöchentlich ausgestrahlt wurde.

Infolge des Ersten Weltkrieges verlor die Familie von Schnitzler ihr Vermögen. Sie wohnte zunächst in der Podbielskiallee 35–37, ab etwa 1924 im Reihenhaus Hohe Ähren 7. Der damalige Oberbürgermeister von Köln, Konrad Adenauer, war gleichzeitig Präsident des Preußischen Staatsrates. Wenn er in dieser Funktion in Berlin weilte, besuchte er gern die Familie von Schnitzler, der er freundschaftlich verbunden war. Und dabei turnte der kleine Karl-Eduard begeistert auf den Knien von »Onkel Konrad« herum. Das verriet von Schnitzler seinen TV-Zuschauern in der DDR später natürlich nicht, wenn er in seiner Sendung gegen den Bundeskanzler Adenauer giftete.

Schulen

Die Kinder in Dahlem mussten im 19. Jahrhundert in Schmargendorf zur Schule gehen. Mit dem Zuzug von mehr Menschen in die neue Villenkolonie wurde eine eigene Schule notwendig. Zunächst eröffnete am 27. April 1905 in der Lansstraße 7–9 eine Volksschule, gewissermaßen die Mutter einiger Dahlemer Schulen. Der Bau wurde von 1928 bis 1930 erweitert und beherbergt seit 1963 das John-F.-Kennedy-Institut für Nordamerikastudien der Freien Universität. Die Schule erhielt 1965 einen Neubau am Bachstelzenweg 2–8 nach Plänen von Peter Lehrecke. Mit Zustimmung von Erich Kästner wurde er Namenspatron der Grundschule. Aber auf ausdrücklichen Wunsch des Schriftstellers wird der Schulname ohne Bindestriche geschrieben.

Selbstverständlich erwartete das Bildungsbürgertum auch ein Gymnasium am Ort. Es nahm am 23. April 1908 in der oberen Etage der Gemeindeschule seinen Anfang. 1909 erhielt das heutige Arndt-Gymnasium ein eigenes Gebäude in der Königin-Luise-Straße 80–84.

Das Gebäude wurde am 23./24. November 1943 durch eine Luftmine verwüstet, ein Flügel total zerstört. Der Wiederaufbau begann 1947 und zog sich bis 1952 hin. Am 12. September 1958 konnte die neue Orgel eingeweiht werden. Zu den Schülern zählten u. a. der Kommentator des DDR-Fernsehens Karl-Eduard von Schnitzler, Prinz Bernhard der Niederlande und der ehemalige Postminister Christian Schwarz-Schilling.

Für die »höheren Töchter« gründete man im Volksschulgebäude am 20. April 1909 die Gertraudenschule. Nach Plänen von Heinrich Schweitzer entstand von 1910 bis 1912 das Schulhaus in der Straße Im

Gehege 6–8. Aus der Bildungseinrichtung wurde später eine Realschule, die 1967 den Namen Alfred-Wegener-Oberschule bekam. Aus der 9. Integrierten Sekundarschule wurde zusammen mit der Beucke-Realschule am 15. Juni 2013 die Gail S. Halvorsen Schule. Gail S. Halvorsen war der legendäre Luftbrücken-Pilot, der nach dem Krieg für hungernde Berliner Kinder Schokolade abwarf.

Eine weitere Mädchenschule etablierte sich 1907 in der Podbielskiallee 78. Es handelt sich dabei um die Königin-Luise-Stiftung, die nach dem Tod der Monarchin am 19. Juli 1811 eröffnet werden konnte. Aus der Stiftung wurde später eine private Mädchenschule mit Internat, die seit 1933 auch »externe« Schülerinnen zuließ. Dazu gehörte von 1924 bis 1926 die spätere Schauspielerin Marianne Hoppe. Seit 1949 dürfen auch Jungen die Schule besuchen.

Heute umfasst die Stiftung eine Grundschule, ein Gymnasium, eine Integrierte Sekundarschule und ein Internat mit etwa 60 Plätzen.

Kirchen

Die Dahlemer Dorfkirche an der Königin-Luise-Straße/Pacelliallee entstand vermutlich im 14. Jahrhundert auf einem Sockel aus gespaltenen Feldsteinen. Später wurde das Gebäude aufgestockt, was noch heute an dem horizontalen weißen Streifen zu erkennen ist. Im Dreißigjährigen Krieg wurde die Kirche 1620 von plündernden Kroaten in Brand gesteckt und blieb mehr als ein halbes Jahrhundert eine Ruine. Im Zusammenhang mit der Neuerrichtung um 1670/80 wurde auch die heute noch genutzte Kanzel und eine Empore geschaffen. Dabei übermalte man mittelalterliche Fresken, die erst 1893 wiederentdeckt wurden. In diesem Zusammenhang meldete das »Teltower Kreisblatt« am 4. Januar 1896: »Im Sommer v. Js. unternahmen wie s. Zt. berichtet wurde und den Lesern noch erinnerlich sein dürfte, Mitglieder des Vereins für die Geschichte Berlins einen Ausflug nach unserem Dahlem zum Besuch der hiesigen Dorfkirche, eines der ältesten noch erhaltenen Bauwerke der Mark Brandenburg, behufs Kenntnißnahme und Betrachtung mehrerer bei der stattgefundenen Restaurirung des Gotteshauses zum Vorschein gekommener großer Wand-Gemälde, deren Farben allerdings ziemlich verblaßt waren. Der Photograph, Herr Tiemeyer-Steglitz ward zur photographischen Abnahme derselben veranlaßt, eine Aufgabe, der er sich bereitwillig unterzog, indem

Grabstätte von Rudi Dutschke, 2003.

er soweit es das bleiche gebrochene Licht einer Dorfkirche gestattete, wohlgelungene Reproduktionen herstellte.«

Der alte Turm von 1781 diente von 1832 bis 1849 als Relaisstation für eine optische Telegraphenlinie zwischen Berlin und Koblenz. Der Standort Dahlem verband den Ausgangspunkt der Sternwarte in der Dorotheenstraße mit dem Schäferberg. Diesem Umstand wurde 1983 mit einer 80-Pfennig-Briefmarke gedacht. Kurz vor Kriegsende wurde die Kirche abermals zerstört und zwischen 1950 und 1953 schrittweise instandgesetzt.

Auf dem das Kirchlein umgebenden Friedhof befindet sich u. a. das Grab des Führers der Berliner Studentenbewegung Rudi Dutschke. Er starb 1979 an den Spätfolgen eines Attentats vom 11. April 1968, bei dem er eine schwere Schussverletzung erlitten hatte. Er wurde am 3. Januar 1980 hinter der Kirche beigesetzt. Zu den Seelsorgern der Gemeinde gehörte auch Helmut Gollwitzer, der später Theologieprofessor an der Freien Universität war und dort ebenfalls begraben ist. Außerdem befinden sich die Gräber des Historikers Dietrich Schäfer, des preußischen Kulturministers Friedrich Schmidt-Ott und des Bischofs

Die evangelische Jesus-Christus-Kirche (links) von 1931 und die katholische St. Bernhard-Kirche von 1934.

von Berlin-Brandenburg, Kurt Scharf, auf diesem Friedhof. Links vom seitlichen Kircheneingang wurde Edwin Redslob bestattet. Er war von 1945 bis 1948 Lizenzträger für den »Tagesspiegel«, Mitbegründer der Freien Universität Berlin und des »Berlin-Museums«.

Neben dem Dorffriedhof wurde 1910 ein Städtischer Friedhof angelegt, auf dem viele Schauspieler ihre letzte Ruhe fanden: Heinz Drache, Walter Gross, Werner Hinz, Lucie Höflich, Carl Raddatz, Rotraut Richter, Elsa Wagner u.a. Aber auch die Bildhauer August Gaul, Waldemar Grzimek und Bernhard Heiliger ruhen hier. Hinzu kommen etliche Wissenschaftler, darunter die Ehrengräber des Biochemikers Otto Warburg und des Historikers Friedrich Meinecke.

Das Pfarrhaus wurde 1909/10 von Heinrich Straumer (wohnhaft in Nikolassee) in der Pacelliallee 61 errichtet. Es war nötig geworden, nachdem Dahlem zum 30. Juni 1908 nicht mehr zur Kirchengemeinde Schmargendorf gehörte. Das Gebäude nennt sich heute »Friedenszentrum Martin Niemöller Haus« und wird von verschiedenen Organisationen genutzt.

Für die vielen neuen Bewohner Dahlems wurde die Dorfkirche bald zu klein. Einen für den Kirchenneubau ausgeschriebenen Architektenwettbewerb gewann 1914 Heinrich Straumer, doch konnte wegen des Ausbruchs des Ersten Weltkrieges nicht mit dem Bau begonnen werden. Nach einem neuen Wettbewerb entstand 1930/31 die Jesus-Christus-Kirche samt Pfarrhaus nach Plänen von Jürgen Bachmann an der Hittorfstraße 23/Faradayweg 13. Am 20. Dezember 1931 wurde der erste Kirchenneubau Dahlems nach rund sechs Jahrhunderten eingeweiht.

Wegen der außerordentlich guten Akustik nutzten die Berliner Philharmoniker die Kirche nach dem Zweiten Weltkrieg als Konzertsaal, da die alte Philharmonie zerstört war. Gelegentlich werden dort auch Aufnahmen von klassischer Musik gemacht. Der 44 Meter hohe Turm, ein Wahrzeichen von Dahlem, musste 1953 in seiner Innenkonstruktion erneuert werden. Die 26 Zentner schwere Glocke stürzte herab und durchschlug dabei alle Zwischendecken. Die Christus-Figur über dem Eingang stammt vom Ludwig Isenbeck.

Drei Jahre später bekamen auch die Dahlemer Katholiken ihre Kirche, deren Turm der evangelischen Kirche sehr ähnlich ist. Die St. Bernhard-Kirche in der Königin-Luise-Straße 33 entstand in den Jahren 1932 bis 1934 nach Plänen von Wilhelm Fahlbusch. Bei einem Bombenangriff im Dezember 1943 wurde die Kirche schwer getroffen, aber 1951/52 wiederhergestellt.

Gaststätten

Es gibt in Dahlem etliche Lokale, von denen hier vier Traditionsgaststätten erwähnt werden sollen. In einem Gebäude von 1865 in der Königin-Luise-Straße 52 eröffnete 1870 das Lokal Alter Krug mit Gartenlokal. Das Forsthaus Paulsborn am Grunewaldsee (Hüttenweg 90) wurde 1905 errichtet, die feuchte Wiese aufgefüllt und zum Kaffeegarten umgestaltet. Das Chalet Suisse steht am Ende der Autozufahrt in den Wald in gedachter Verlängerung der Königin-Luise-Straße (Clayallee 99). Die Ursprünge des Ausflugslokals gehen auf die 1920er Jahre zurück, als hier das Kurhaus Grunewald zur Rast einlud. 1973 eröffnete Heinz von Burg ein Restaurant mit gehaltvoller Schweizer Küche. Seit dem 6. April 2001 bewirtet Josef Diekmann hier seine Gäste.

Die Eierschale begann 1952 als Jazzkneipe in einer Schöneberger Kriegsruine, nach dem Umzug an den Breitenbachplatz 1956 traten hier Weltstars wie Louis Armstrong, Ella Fitzgerald und Duke Ellington auf. 1977 erfolgte erneut ein Umzug in die Podbielskiallee 50. Als das Unternehmen am 14. Dezember 2000 wegen Überschuldung einen Insolvenzantrag beim Amtsgericht Charlottenburg einreichen musste, schien das Ende besiegelt. Doch 2008 wurde die Eierschale unter neuer Regie wiedereröffnet.

Zehlendorf-West

Zwischen Schlachtensee und der Fischerhüttenstraße gab es zunächst nur eine vereinzelte Bebauung. Dazu gehört das Holzhaus am Elvirasteig 28 aus der Zeit um 1880. Die Wohnhäuser in der Terrassenstraße 24, und 26/28 (beide mit Blick zum Schlachtensee) und im Schlickweg 13 entstanden zwischen 1901 und 1904.

Im Jahre 1904 gründete sich die Zehlendorf-West Terrain AG mit einem Stammkapital von fünf Millionen Mark. Hauptaktionär war der damals reichste Mann Deutschlands, der Großindustrielle Fürst Guido Henckel von Donnersmarck. Sein Vermögen wurde 1914 auf 250 Millionen Mark geschätzt.

Kennzeichnend für die neue »Villenkolonie Zehlendorf-West« (ZWTAG) ist die Landhausarchitektur. Die Lindenthaler und Argentinische Alle bilden die Hauptachse.

Geographisches Zentrum ist der Mexikoplatz, gleichzeitig auch Geschäfts- und Verkehrszentrum. Er erhielt erst 1959 seinen Namen. Zehn Straßen laufen auf den Platz zu, der von der Bahntrasse durchschnitten wird. Hier entstand 1904 das Bahnhofsgebäude von Gustav Hart und Alfred Lesser, das offiziell erst am 1. Mai 1905 eingeweiht wurde. Der Jugendstilbau mit neobarocken Anklängen wird von einer großen, runden Kuppel überwölbt. Der ursprüngliche Zustand ist weitgehend erhalten, allerdings wurde der Wasserturm an der Rückseite des Gebäudes abgetragen. Ende Mai 2001 verkaufte das Bundeseisenbahnvermögensamt das denkmalgeschützte Gebäude an zwei Geschäftsleute, die den dortigen Geschäftsinhabern 2002 kündigten. Zunächst hieß der Bahnhof Beerenstraße, ab dem 15. Dezember 1911 Zehlendorf West, ab dem 28. September 1958 Lindenthaler Allee und seit dem 7. März 1987 Mexikoplatz. Bereits um 1910 fuhren täglich 160 Züge in beide Richtungen.

Der Mexikoplatz mit Blick Richtung Nordwesten (Schlachtensee); die Lessingstraße heißt seit 1935 Limastraße.

Der Bahnhof Mexikoplatz hieß bis 1911 »Beerenstraße«. Der Wasserturm im Hintergrund rechts ist nicht mehr erhalten.

Der großzügig angelegte Platz mit zwei Springbrunnen erhielt von 1905 bis 1910 eine Randbebauung mit dreigeschossigen Miets- und Geschäftshäusern, gegliederten Fassaden und teilweise fachwerkbesetzten Ober- bzw. Giebelgeschossen.

Das einst sumpfige, verlandete Zehlendorfer Krumme Fenn ließ die ZWTAG ausbaggern, woraus der Waldsee entstand, der die Anlage von Wassergrundstücken ermöglichte.

Zu den noch erhaltenen Wohnhäusern aus der Anfangszeit der Kolonie (1905/06) gehören beispielsweise die Häuser in der Bogotastraße 10 und 15 (Architekt: Muthesius), in der Schillerstraße 3 und im Veronikasteig 2. Gleich daneben, an der Lindenthaler Allee 5, entstand 1905/06 das Haus für Professor Otto Rohloff, den Direktor des Königlichen Kunstgewerbe-Museums.

Architektonisch aus dem Rahmen fällt das Krankenhaus Waldfriede in der Argentinischen Allee 40. 1904 gründete Dr. Ziegelroth ein Sanatorium, das im Herbst 1919 von der Gemeinschaft der Siebenten-Tags-Adventisten gekauft wurde. Bereits am 15. April 1920 konnte das Haus mit 39 Betten in 27 Zimmern und einem OP eröffnet werden. Das Krankenhaus wurde mehrfach erweitert. Heute stehen 230 Akutbetten zur Verfügung. Über 5.500 Patienten werden pro Jahr versorgt und etwa 50.000 Kinder haben seit der Gründung dort das Licht der Welt erblickt. Seit dem 12. September 2000 gibt es in dem Krankenhaus die erste anonyme »Babyklappe« Berlins, wo Mütter ihr Neugeborenes unerkannt abgeben können.

Neben dem Krankenhaus Waldfriede (heute Fischerhüttenstraße 113) eröffnete 1889 die Gastwirtschaft Aigner's Ruh. Ab 1905 wurde das Lokal von Richard Leopold bzw. ab 1931 von der Witwe Anna Leopold geführt. Daher heißt es seit den 1950er Jahren Haus Leopold, dem heute auch ein Hotel angeschlossen ist.

In der Fischerhüttenstraße 139 gab es noch ein weiteres Lokal, das der Gastwirt Wilhelm Burghardt am 10. Mai 1888 eröffnete. Es hieß Wirthshaus an der Krummen Lanke, man nannte es aber auch Burghardtsches Restaurant. Der Betrieb wurde 1960 eingestellt, die Gebäude 1962 abgerissen. Das Gelände liegt heute im Wald.

Einen Eindruck aus den ersten Jahren des Lokals vermittelt ein Bericht aus dem »Teltower Kreisblatt« vom 20. Oktober 1895: »In dem herrlich zwischen Wald und Wasser gelegenen ›Wirthshaus Krumme Lanke‹ gehen jetzt, nachdem der Besitzer Herr W. Burghardt das Geschäft wieder selbst übernommen hat, große Veränderungen vor sich, die dem beliebten Etablissement zu weiterem Vortheil gereichten werden. Der alte, unweit des Sees stehende Saal wird abgerissen und durch einen neuen massiven Saal ersetzt, welcher weiter abseits vom Wasser erbaut wird. Ebenso werden massive Stallungen für ca. fünfzig Pferde, ein neuer Eiskeller und Gartenbüffet angelegt, während die gärtnerischen Anlagen unter Leitung eines bewährten Fachmannes ebenfalls eine vollständige Umgestaltung erfahren sollen. Namentlich wird der Ausblick auf den herrlichen Waldsee von allen Seiten erschlossen, die Terrassen werden verbreitert, die Wiese neben dem Turnplatz wird erhöht und in eine Anlage umgewandelt, während der beliebte Turnplatz für Jung und Alt erhalten bleibt. Die Arbeiten werden so gefördert, daß im nächsten Frühjahr das ›Wirthshaus Krumme Lanke‹ in verjüngter und verschönter Gestalt sich den Besuchern zeigen wird. Bis dahin bieten die gemüthlichen Winterräume und jetzt an schönen Herbsttagen auch noch die Gartenterrassen einen angenehmen Aufenthalt, mit welchem stets eine gute Verpflegung verbunden ist.«

Prominente in Zehlendorf-West

Unweit des Mexikoplatzes bezog der Schauspieler Theo Lingen etwa 1938 eine Wohnung in der Matterhornstraße 1. Während des Zweiten Weltkrieges verlegte Lingen seinen Wohnsitz nach Strobl am Wolfgangsee. Etwa zur gleichen Zeit zog sein Kollege Hans Söhnker in die Wolzogenstraße 22. Das Haus, das heute hinter hohen Tannen verborgen ist, musste er 1977 verkaufen. Der erkrankte Schauspieler konnte die Gartenarbeit nicht mehr bewältigen. Mit seiner zweiten Ehefrau Inge zog er in eine Wohnung in der Straße Im Dol 69.

In Sichtweite des Mexikoplatzes ließ sich der Komponist Boris Blacher von Paul Baumgarten 1956/57 einen eleganten, schnörkellosen Bungalow errichten. Im Tiefgeschoss liegt die Garage, daneben der Hauseingang, die Wohnräume sind darüber angeordnet. Das Haus in der Kaunstraße 6 ist heute ein Baudenkmal. Blacher erhielt 1948 einen Lehrstuhl für Komposition an der Berliner Hochschule für Musik, dessen Präsident er 1953 wurde. Außerdem war er von 1968 bis 1971 Präsident der Berliner Akademie der Künste. Blacher schrieb u.a. 14 Opern, Ballettmusiken, sowie Kantaten, Chorwerke, Sinfonien, Kammermusik und Lieder. Er starb 1975.

DER ERSTE WELTKRIEG UND DIE GRÜNDUNG GROSS-BERLINS

Zehlendorf während des Ersten Weltkrieges

Der Erste Weltkrieg hatte für das Gebiet des heutigen Zehlendorfs bald spürbare Folgen, denn einige Kaiser-Wilhelm-Institute in Dahlem stellten sich zu Beginn des Krieges in den Dienst kaiserlich-militärischer Interessen. Es wurde schon darauf hingewiesen, dass Haber an der Verbesserung von Sprengstoffen, Gasmasken und Giftgas arbeitete. Er beschäftigte damit rund 150 wissenschaftliche Mitarbeiter und etwa 1.500 weitere Hilfskräfte.

In der erst am 5. Juni 1914 eröffneten Süd-Schule in der Claszeile 56 musste der Schulbetrieb wieder eingestellt werden, weil das Gebäude bei Kriegsbeginn als Kaserne benötigte wurde.

Die Heilstätte für Nervenkranke, Haus Schönow am Teltower Damm, und das Oskar-Helene-Heim an der Clayallee wurden zum Lazarett. Öffentliche Bauvorhaben, die zwischen 1914 und 1916 begonnen worden waren, mussten vielfach eingestellt werden. Dazu zählten z.B. der Erweiterungsbau der früheren Gertraudenschule Im Gehege 6–8 (Fertigstellung 1922) und der Neubau des Geheimen Preußischen Staatsarchivs (Fertigstellung 1924). Der Bau des Asiatischen Museums in der Arnimallee, der am 14. September 1914 begonnen worden war, musste am 11. November 1916 unterbrochen werden. Zu diesem Zeitpunkt war das Gebäude bereits bis zum zweiten Stockwerk vollendet. Auch die Bauarbeiten an der 8,3 Kilometer langen Automobil-Verkehrs- und Uebungs-Straße (Avus) zwischen dem Autobahndreieck am Funkturm und Nikolassee mussten 1914 kurz vor Fertigstellung abgebrochen werden.

Die immer schlechter werdende Versorgungslage führte wohl 1916 zur Gründung des Kleintierzüchter-Vereins Berlin-Zehlendorf. In den gepflegten Parks der hochherrschaftlichen Villen wurde mehr und mehr Gemüse angebaut. Dies inspirierte Liebermann 1917 zu dem Gemälde »Kohlfeld im Wannseegarten nach Westen«.[14] Die über die Lebensmittelkarten zu beziehenden Nahrungsmittel reichten nicht zur Deckung des täglichen Kalorienbedarfs, so dass öffentliche Kriegs-

Die Südschule als Kaserne.

küchen eingerichtet wurden. Auf dem Gelände der Domäne Dahlem wurde während des Krieges ausschließlich Milchwirtschaft betrieben.

Das Arndt-Gymnasium in der Königin-Luise-Straße musste nach Kriegsende für demobilisierte Truppen geräumt werden. Außerdem gründete man 1918 den Verein Kriegsbeschädigte der Gemeinde Zehlendorf. Aber viele Soldaten kamen nicht mehr lebend nach Hause. Von über 120 eingezogenen Mitgliedern des Zehlendorfer Turn- und Sportvereins von 1888 e.V. kehrten 21 nicht zurück. Für die 131 gefallenen Bewohner Dahlems stellte man 1926 ein Denkmal von Hermann Hosaeus auf die Dorfaue.

Groß-Berlin

Nach dem Ersten Weltkrieg gelang es, die Schaffung von Groß-Berlin politisch durchzusetzen. Dem 1911 gegründeten Zweckverband war die Koordinierung Berlins mit den umliegenden Kommunen nur unzureichend gelungen. Daher beschloss der Preußische Landtag am 27. April

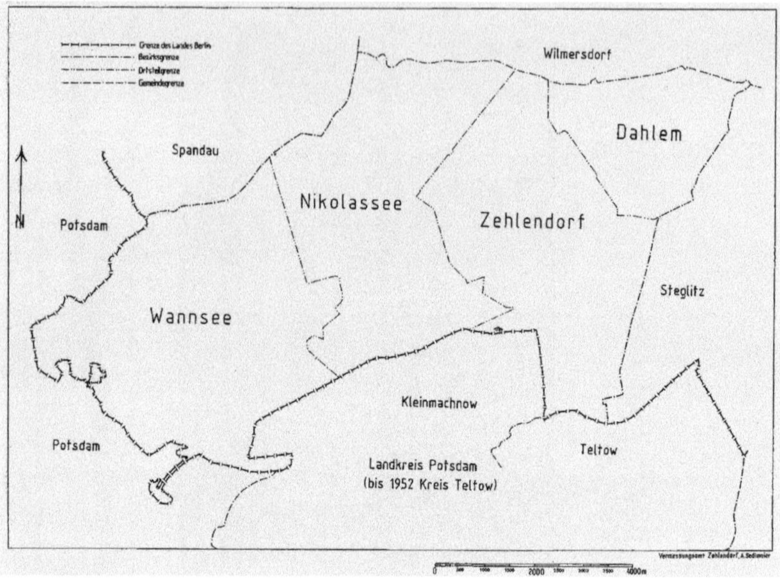

Grenzen der Ortsteile des Bezirks Zehlendorf, 1991.

1920 das »Gesetz über die Bildung einer neuen Stadtgemeinde Berlin«. Es trat am 1. Oktober 1920 in Kraft. Damit wurden sieben Städte, 59 Landgemeinden und 27 Gutsbezirke Teil von Groß-Berlin, das sich damals in 20 Bezirke gliederte.

Der neu gebildete Bezirk Zehlendorf umfasste drei Landgemeinden (Wannsee, Nikolassee und Zehlendorf selbst) und vier Gutsbezirke (Dahlem, Klein-Glienicke, Pfaueninsel und Potsdamer Forst). 1925/26 kam die Insel Schwanenwerder und 1927 das Gut Düppel dazu. 1938 bekam Steglitz das gesamte Gebiet östlich des Dahlemer Weges, während das Gelände nördlich der Lentzeallee und der Pücklerstraße Wilmersdorf zugeschlagen wurde. Dafür erhielt Zehlendorf den südlichen Grunewald.

Die Villenbesitzer, insbesondere in Wannsee und Nikolassee, setzten sich dafür ein, dass ihrer heimeligen Welt die Zugehörigkeit zum Moloch Berlin erspart bleiben möge. Man wollte nicht für die klammen Arbeiterbezirke finanziell in Mithaftung genommen werden. Die mehrheitlich konservative Zehlendorfer Bezirksverordnetenversammlung sah sich im Interesse ihrer großbürgerlichen Wähler als Bewahrer kaiserzeitlicher Verhältnisse und arbeitete der Sozialpolitik des Berliner Magistrats entgegen.

Als am 9. November 1923 ein Ausschuss des Landtages eine Busrundfahrt durch die eingemeindeten ehemaligen Gemeinden des Kreises Teltow unternahm, wurden sie in Nikolassee von Demonstranten empfangen. Sie hielten Schilder hoch mit Losungen wie »Los von Berlin!« Die Parlamentarier waren schockiert und wiesen einen Gendarm an, die Plakate zu konfiszieren. Genutzt hat es nichts – wie wir heute wissen.

Der Wohnungsbau

Der Erste Weltkrieg und seine Folgen wirkten sich zunächst nachteilig auf den Wohnungsbau aus. Die Bauwirtschaft war zwischen 1914 und 1923 fast völlig zum Erliegen gekommen, weil es an Arbeitskräften und Baustoffen mangelte. Während in Berlin vor 1914 jährlich 20.000 Wohnungen gebaut wurden, entstanden zwischen 1919 und 1923 nur 9.000 Neubauwohnungen.

So war es innerhalb weniger Jahre von einem Überangebot an Wohnungen zu extremem Wohnraummangel gekommen. Wohnungsämter genehmigten Notwohnungen in Dach- und Kellergeschossen, beschlagnahmten leer stehenden Wohnraum oder griffen zu Zwangseinweisungen. Durch das Reichsmietengesetz vom 24. März 1922 und das Reichsmieterschutzgesetz vom 1. Juni 1923 wurden die Mietpreisbindung eingeführt und die Mieterrechte gestärkt. Viele Hauseigentümer verloren nun das Interesse an ihren Immobilien, weil man als Vermieter damit nicht mehr so viel Geld verdienen konnte. Vielfach verkamen die Mietshäuser oder sie wurden verkauft.

Doch gab es in der Nachkriegszeit vereinzelt auch noch den Neubau von hochwertigen Villen: In der Wolzogenstraße 17 baute Walter Gropius für den Rechtsanwalt Fritz Otte 1921/22 ein Wohnhaus. Für Architekturkenner markiert dieses Gebäude einen wichtigen Schritt in Richtung der funktionalistischen Architektur, die das Markenzeichen der Bauhaus-Architektur geworden war. Gropius verbannte Dekorationen aller Art. So wurde z. B. der Eingang zur schlichten rechteckigen Öffnung. Bis 1984 wohnte die Schauspielerin Sonja Ziemann hier. Nach dem Tod ihrer Eltern verließ sie ihre Heimat und verkaufte die

Haus Wolzogenstraße 17, 1980.

Villa. In den 1990er Jahren wurde das Haus in seinem ursprünglichen Zustand wiederhergestellt.

Von Gropius stammt auch das 1928/29 erbaute Haus Lewin in der Fischerhüttenstraße 106 (Bauherr: Verlagsdirektor Joseph Lewin). Anfangs wollte die Baupolizei dem Projekt die Genehmigung wegen »Beeinträchtigung des Straßenbildes« versagen. Gropius stellte den weißen, geometrischen Körperformen die fließenden Formen gewachsener Natur gegenüber – ein Kontrast zur Villen- und Landhausbebauung der Umgebung. Fast zeitgleich entstand nach Plänen von Peter Behrens im Waldsängerpfad 3 in Nikolassee ebenfalls ein Haus Lewin (Bauherr: Psychologe Prof. Dr. Kurt Lewin).

Doch mit den veränderten gesellschaftspolitischen Verhältnissen kam der Bau repräsentativer großzügiger Villen des Großbürgertums mit Unterkunftsmöglichkeiten für das Personal zum Erliegen. Es galt, bezahlbaren Wohnraum für Hunderttausende zu schaffen. Aber mit der bisherigen Methode, dem Hochziehen von Mietskasernen, war es vorbei. Der Erlass einer neuen Bauordnung für Berlin vom 3. November 1925 verbot den Bau von Mietshäusern mit Quer- und Seitenflügeln

Haus Fischerhüttenstraße 106, 1967.

sowie engen Höfen. Für die neuen Wohnsiedlungen musste nun mehr Platz eingeplant werden, es waren auch größere Abstände zwischen den Häusern vorgeschrieben.

Da Zehlendorf größere Baulandreserven besaß, kam es hier zu den größten Strukturveränderungen. Die Bautätigkeit konzentrierte sich im Wesentlichen auf fünf Bereiche: auf den Bereich zwischen Argentinischer Allee und der Krummen Lanke, die Spanische Allee, das Gelände zwischen Gary- und Berliner Straße, zwischen Clay- und Thielallee sowie an der Sundgauer und Berlepschstraße.

Durch den vorläufigen Mangel an Material behalf man sich 1922 mit sechs Kleinhäusern am Gelände der Laehrklinik und sieben eingeschossigen Häusern Im Kieferngrund in Holzblockbauweise und Gipsplattenverkleidung. Die Hochbauabteilung des Preußischen Finanzministeriums ließ 1922/23 eine Wohnanlage an der Lentzeallee, Gregor-Mendel-, Milow- und Spilstraße errichten. Die Wohnhausgruppe Vogelsang 9/15a plante Heinrich Wolff in den Jahren 1922 bis 1924.

Mebes & Emmerich errichteten 1923/24 die Siedlungen Am Heidehof (Am Heidehof, Bergengruen- und Niklasstraße sowie Potsdamer

Chaussee) und Schlachtensee I (Guntersblumer Weg 1/Spanische Allee/Tews- und Wasgenstraße). (Die Reichsbanksiedlung Schlachtensee II entstand erst 1928/29 an der Breisgauer und Dubrowstraße sowie an der Spanischen Allee nach Plänen des Reichsbankbaudirektors Heinrich Wolff.) Für ihre Mitarbeiter errichtete die Reichsbahndirektion 1923/24 Wohnhäuser in der Riemeisterstraße 42/56. Die Wohnanlage für Beamte der Reichspostverwaltung am Teltower Damm 63/67 entstand 1924/25 nach Plänen von Franz Seeck.

In der Schorlemer Allee gestalteten Hans und Wassili Luckhardt sowie Alfons Anker gestaffelte Reihenhäuser mit expressionistischen Stilelementen als Vorläufer der Bauhausarchitektur. Der Baubeginn war 1925 und zog sich bis 1935 hin. Nach Kriegsbeschädigungen wurden die Gebäude verändert wiederhergestellt.

Der Bau der Onkel-Tom-Siedlung zog sich acht Jahre hin. Der Name geht auf ein nahe gelegenes Restaurant namens Onkel-Toms-Hütte zurück, das seit 1971 geschlossen ist. Zwischen 1926 und 1932 ließ die Gehag in sieben Bauabschnitten beiderseits der Argentinischen Allee gegen erheblichen Widerstand der Zehlendorfer Villenbesitzer rund 1.105 Arbeiterwohnungen errichten. Im Gebiet zwischen Onkel-Tom-Straße, Am Hegewinkel, Holzungsweg und Am Fischtal entstanden sowohl Geschossreihenhäuser (wie an der Riemeisterstraße) als auch 810 zweigeschossige Einfamilienhäuser in zwei Typen. Zwischen U-Bahnstrecke und Argentinischer Allee entstand als Randbebauung ein 450 Meter langer, nach außen geschwungener Baukörper, der im Volksmund »Peitschenknall« genannt wird. Ein Teil der Siedlung erhielt eine lebhafte Farbgebung, was zum Spitznamen »Papageiensiedlung« führte. Verantwortliche Architekten waren Bruno Taut, Hugo Häring und Otto Rudolf Salvisberg. Doch zogen am Ende anders als geplant keine einkommensschwachen Mieter ein; dafür waren die Wohnungen doch zu teuer. Die Siedlung zog vielmehr Facharbeiter, Gewerkschafter, Intellektuelle und Künstler an, wie den Schriftsteller Werner Bergengruen. Er erwarb für 4.000 Reichsmark ein kleines Reihenhaus in der Riemeisterstraße 107, wo er bis 1936 wohnte. 1929 verlängerte man die U-Bahn von der Station Thielplatz bis Krumme Lanke. Am Bahnhof Onkel-Toms-Hütte entstand eine Ladenpassage. Der Erdaushub türmt sich heute am Waldrand zum Rodelberg. Die Siedlung gehört zu den herausragendsten Leistungen des Neuen Bauens in den 1920er Jahren mit Flachdächern, Fensterbändern, kubischen Formen, neuartigen

Der beim Bau der U-Bahn angefallene Erdaushub wurde am Ende der Fischerhüttenstraße zum Rodelberg aufgeschüttet.

Baumaterialien und Farben als Gestaltungsmittel. Wegen der Flachdächer polemisierten Kritiker, die Bauten erinnerten an orientalische Gefängnisse. Der Streit, ob Flach- oder Steildächer, ging als absurder »Zehlendorfer Dächerkrieg« in die Geschichte ein. Flachdächer galten als modern, Satteldächer hingegen als rückständig.

1928 ließ die Gagfah (Gemeinnützige Aktiengesellschaft für Angestellte-Heimstätten) parallel zum Fischtalpark die Fischtal-Siedlung für den Mittelstand errichten (Am Hegewinkel/Onkel-Tom-Straße/Am Fischtal). Beteiligt waren 17 renommierte Architekten wie Heinrich Tessenow, Arnold Knoblauch, Erich Mendelsohn, Paul Mebes und Hans Poelzig. Aber im Gegensatz zur angrenzenden neusachlichen Großsiedlung Onkel-Toms-Hütte dominieren hier das Satteldach, Fenstersprossen, Klappläden und Holzpergolen.

Die Zinnowwaldsiedlung der Gemeinnützigen Wohnungsfürsorgegesellschaft für die Provinz Brandenburg wurde 1927/28 im Bereich Fischerhütten- und Sven-Hedin-Straße sowie Hartmannsweiler- und Zinnowweg errichtet.

Zwischen 1927 und 1931 wurde eine Wohnanlage der Landesfinanzdirektion nach Plänen von Bruker und Kemper an der Berliner, Breisacher und Hüninger Straße sowie Thiel- und Schützallee gebaut. Eine weitere Wohnanlage entstand 1928 nach Plänen von Egon Fröhlich zwischen Breitenbachplatz und Spilstraße.

Um 1930 kamen drei weitere Wohnanlagen hinzu: Von Hans Spitzner im Bereich Berliner Straße und Winfriedstraße sowie die Wohnsiedlung Eiderstedter Weg/Niklasstraße/Ilsensteinweg, die der Beamten-Wohnungs-Verein Neukölln nach Plänen der Architekten Mebes und Emmrich auf Gartengelände errichten ließ.

Die Siedlung Am Mühlenberg nach Plänen von Paulus & Paulus sowie von Erich Richter entstand im Auftrag der Gemeinnützigen Wohnungsbaugesellschaft Roland und der Heimstättensiedlung Berlin-Wilmersdorf und wurde 1936 fertiggestellt (Berliner, Mörchinger und Sundgauer Straße sowie Colmarer Weg).

Das Strandbad Wannsee

Noch um 1900 war das »wilde Baden« in Flüssen und Seen aus sittlichen Gründen streng verboten, auch wenn man einen geringelten Ganzkörperbadeanzug trug. So kontrollierten Polizisten zu Pferde auch die Ufer von Wannsee und Havel. Wurde man dennoch erwischt, harrten die Badenden häufig so lange im Wasser aus, bis der Ordnungshüter aufgab und verschwand. So brauchte es also eine behördliche Erlaubnis, als am 8. Mai 1907 ein Strandbad am Wannsee eröffnet wurde. Zunächst gab es nur Leinwandzelte und Bretterbuden. Als die Holzgebäude durch einen Großbrand 1927 zerstört wurden, entstanden 1929/30 die vier charakteristischen zweigeschossigen Gebäude nach Plänen von Martin Wagner und Richard Ermisch. Sie vermitteln geschickt zwischen dem Abhang und dem Strand und gelten als Vorbild des Neuen Bauens (Stil der Neuen Sachlichkeit), zugeschnitten auf die Bedürfnisse der unteren und mittleren sozialen Schichten jener Jahre. Das Verwaltungsgebäude mit den Eingangskassen entstand 1928 nach Plänen von Franz Fedler. Seit 1983 stehen die Gebäude mit Dusch- und Umkleidemöglichkeiten unter Denkmalschutz. Während im Untergeschoss Läden untergebracht sind, vor denen eine 534 Meter lange Wandelhalle verläuft, kann das Dach als Sonnenterrasse genutzt werden. Das Strandbad Wannsee

Luftaufnahme vom Strandbad Wannsee, 1921.

gilt mit 1.275 Metern Strandlänge als größtes Binnenstrandbad in Europa. Jeden Sommer hat das Bad rund eine halbe Million Gäste. 1942 kamen sogar 834.000 Besucher. An einem einzigen Tag, am Sonntag, dem 1. Juni 1947, tummelten sich hier 53.000 Menschen. Seit dem 1. Mai 1977 gibt es im nördlichen Teil einen FKK-Bereich.

Obwohl das Bad seit 1950 ständig renoviert wurde, gab es immer wieder Schäden. Schließlich war es so marode, dass es von 2004 bis 2007 umfassend saniert werden musste. Durch Pfusch beim Bau zeigten sich aber 2012 wieder gravierende Schäden.

Öffentliche Bauten

1927 leisteten sich die evangelischen Kirchengemeinden in Nikolassee (Kirchweg 6), Dahlem (Thielallee 1/3) und Wannsee (Schuchardtweg 5) je ein Gemeindehaus. Das Gemeindehaus für die evangelische Gemeinde in Zehlendorf wurde 1929/30 am Teltower Damm 4–8 anstelle des alten Lehnschulzengutes von Curt Steinberg errichtet.

Altes Lehnschulzengut am Teltower Damm 4–8, Blick Richtung Bahnhof. Seit 1930 steht dort das Gemeindehaus der evangelischen Kirchengemeinde.

Am Teltower Damm 16–18/Kirchstraße entstand 1929 endlich ein Rathaus. Zuvor waren die Dienststellen des Bezirksamts auf zehn verschiedene Orte verteilt. Das Gebäude nach Plänen von Wolf Jobst Siedler wurde 1936, 1954 und 1971 erweitert und nimmt nun die ganze südliche Seite der Kirchstraße ein. Wannsee hatte schon 1901 ein Rathaus bekommen (Königstraße 42/44) und Nikolassee 1912 (Alemannenstraße 10).

Anfang der 1930er Jahre reichten die Friedhofsflächen nicht mehr aus und so legte man 1931 bis 1933 am Hüttenweg 47 den Waldfriedhof Dahlem an. Die zeitgleich errichtete Kapelle stammt von Heinrich Schweitzer. Hier sind u.a. bestattet: der Arzt und Lyriker Gottfried Benn, der Schlagersänger Bully Buhlan, der Schriftsteller Erich Mühsam, der Komponist Werner Eisbrenner, die Schauspieler O. E. Hasse und Blandine Ebinger, der Entertainer Harald Juhnke, der Kritiker Friedrich Luft sowie die Brücke-Maler Karl Schmidt-Rottluff und Max Kaus.

ZWEITER WELTKRIEG UND NATIONALSOZIALISMUS

Zehlendorf unterm Hakenkreuz

Die durch die Weltwirtschaftskrise ab 1929 verursachte Verelendung breiter Massen war ein Nährboden für radikale politische Parteien von links und rechts. Ursachen der Krise waren ein Börsencrash, eine Bankenkrise und die Überproduktionen, der nicht ausreichend zahlungskräftige Kunden gegenüberstanden. Es wurde kaum noch gebaut, der Handel stagnierte und die Arbeitslosenzahlen stiegen. 1931 lebten in Zehlendorf 1.518 Personen von der Wohlfahrt, zwei Jahre später hatte sich die Zahl verdoppelt.

Das Vertrauen der Menschen in die parlamentarische Demokratie war erschüttert. Bei der Reichstagswahl am 20. Mai 1928 erhielt die NSDAP in Zehlendorf 1,8 % der Stimmen (Berlin: 1,6 %). Bei der Wahl am 6. November 1932 waren es schon 29,4 % (Berlin: 26 %) und bei der Wahl am 5. März 1933 erreichte die NSDAP in Zehlendorf 39,1 % (Berlin: 34,6 %) der Stimmen. Durch die Notverordnung und das Ermächtigungsgesetz sicherten die Nazis ihre Macht ab. Schon am 24. Juni 1933 wurden die SPD-Vertreter aus der Bezirksverordnetenversammlung ausgeschlossen und dieses Gremium 1934 aufgelöst. An seine Stelle traten Bezirksräte. Die SA richtete sogenannte Sturmlokale ein wie z. B. im schon erwähnten Reichsadler in der Königstraße in Wannsee. Bald war Zehlendorf – ebenso wie alle Teile des Reiches – mit einem Netz von Parteistellen überzogen, untergliedert in Ortsgruppen, Zellen und Blockwarte.

In der Zeit des Nationalsozialismus wurden die Wohnungsprojekte fortgesetzt, deren Bau in der Weimarer Zeit begonnen worden war. Dabei kam es aber manchmal zu Änderungen in der Planung, denn Funktionalismus und Weltoffenheit der modernen Architektur galten den neuen Machthabern als »Ausländerei«, Beton, Glas und Kunststoff als »rassisch entartet« und Flachdächer als »orientalisch«. So erhielten in der Siedlung Am Mühlenberg die 1934 errichteten Geschosswohnblocks in der Mörchinger Straße 118 Walmdächer, obwohl die Häuser im Bauabschnitt von 1931 Flachdächer hatten. So mussten bereits 1933

Zugeständnisse gemacht werden, um wenigstens einen Teil der ursprünglichen Planung verwirklichen zu können.

Die Gehag-Siedlung am Poßweg nördlich der Sven-Hedin-Straße wurde 1933/34 als dreigeschossige Zeilenbauten mit 2- und 2½-Zimmerwohnungen errichtet. Diese Wohnblöcke erhielten auch ein flaches Walmdach, das auf der Traufe aufsitzt.

Zwischen Berliner Straße und Schützallee entstanden 1937/38 zweigeschossige Einzel- und Doppelhäuser sowie ein dreigeschossiger Mietwohnungsbauriegel an der Berliner Straße 53–71.

Der repräsentative Ehrenhof und der monumentale Durchgang weisen zwar typische Elemente nationalsozialistischer Architektur auf, passen allerdings durchaus an eine breite Ausfallstraße.

Um für das Gebiet eine gute Verkehrsanbindung zu gewährleisten, wurde der an der Wannseebahn neu eingefügte S-Bahnhof Sundgauer Straße am 1. Juli 1934 eröffnet.

Im Dezember 1935 erwarb die Gagfah das Waldgelände von der Terrain-Aktiengesellschaft Botanischer Garten Zehlendorf-West zum Bau der SS-Kameradschaftssiedlung. Das Gelände liegt östlich des Wasserkäfersteiges zwischen Quermatenweg 32/120 und Argentinischer Allee 51/83. Der Reichsführer der SS, Heinrich Himmler, war persönlich an dem Vorhaben interessiert. Am 2. Juni 1937 schrieb er an das Reichsarbeitsministerium: »Seit langem schon ist es mein Wunsch, für die drei SS-Hauptämter in Berlin eine geschlossene Siedlungsanlage zu schaffen, in der die Angehörigen der SS ausreichenden und gesunden Wohnraum finden, der insbesondere den Aufstieg der Familie zu fördern geeignet ist.«[15]

Die neu angelegten Straßen folgten dem Schwung der Hügellinien, insgesamt stand eine einheitliche Siedlungsgestaltung im Vordergrund. In ihrer äußeren Gestaltung entsprachen die Häuser dem ab 1933 bevorzugten sogenannten Heimatschutzstil, der sich an bodenständige Bauweisen und Traditionen anlehnte. Der Wald blieb weitgehend erhalten und erstreckte sich bis zwischen die Wohngebäude.

Die 1937 bis 1939 errichtete Anlage setzt sich, abgesehen von den mehrgeschossigen Wohnblöcken, aus über 300 Einfamilienhäusern verschiedenen Typs zusammen. Die Palette reicht vom freistehenden Einzelhaus bis zu einer Acht-Häuser-Zeile. Obligatorisch war ein Luftschutzraum im Keller. Zwei Hauptstraßen benannte man nach zwei zu Tode gekommenen SS-Mitgliedern.

Die Wohnanlage in der Berliner Straße 59–63 mit dem monumentalen Durchgang, der heute verglast ist, 2013.

In der Siedlung wohnten fast ausschließlich Angehörige der SS und der Polizei. Mit der Ausweitung des Krieges wurden viele Bewohner an die Front oder zu Sondereinsätzen geschickt. Die meisten Menschen verließen ihre Häuser vor Ankunft der russischen Truppen im April 1945. Zunächst besetzten Flüchtlinge die leerstehenden Wohngebäude, später ordneten die Alliierten die Vergabe der Häuser an Opfer des NS-Regimes an. Die Siedlung erhielt nun den Namen Waldsiedlung Krumme Lanke.

Am Schlachtensee entstand nach Abbruch der Ausflugsgaststätte Schloss Schlachtensee in den Jahren 1938 bis 1943 die Marinesiedlung nach Entwürfen von Erich Kühn. Sie war bis zum Kriegsende auch fast ausschließlich hochrangigen Angehörigen der Marine vorbehalten und ist bis heute eine beliebte Wohngegend. Im Marinesteig 24 wohnte Kapitän zur See Gustav Kleikamp. Er löste den Zweiten Weltkrieg aus, als er von Danzig aus auf Hitlers Befehl die Westerplatte beschoss. Hans Wilhelm Langsdorff wohnte im Marinesteig 3. Er war Kommandant des Panzerschiffes »Admiral Graf Spee« und beendete nach irreparablen Gefechtsschäden den mehrwöchigen Kreuzerkrieg. In der Mündung des Rio de la Plata versenkte er das Schiff am 17. Dezember 1939 und evakuierte die Besatzung nach Buenos Aires. Dort erschoss sich Langsdorff auf der kaiserlichen Reichskriegsflagge liegend (nicht auf einer Hakenkreuzflagge!).

Prominentester Bewohner der heute denkmalgeschützten Anlage war der Regierende Bürgermeister und spätere Bundeskanzler Willy Brandt im Haus Marinesteig 14. Er lebte von 1955 bis 1964 dort.

Eine weitere Wohnanlage wurde noch während des Krieges nördlich von Schönow gebaut. Es handelt sich um die Telefunken-Siedlung, die 1940 bis 1942 nach Plänen der Entwurfsabteilung der Siemens-Werke zwischen Breitenstein- und Windsteiner Weg entstand.

Öffentliche Bauvorhaben

Der einzige Kirchen-Neubau im Ortsteil Zehlendorf in den 1930er Jahren war die am 16. Juni 1935 eingeweihte Ernst-Moritz-Arndt-Kirche in der Onkel-Tom-Straße 80.

Für den Lieblingsbildhauer Hitlers, Arno Breker, entstand zwischen 1939 und 1942 am Käuzchensteig 8–12 ein Atelier. Das Gebäude nach Plänen von Hans Freese wurde auf einem abgeholzten Waldgelände errichtet, das die Stadt Berlin dem Staat zur Verfügung stellte. Das Atelier war mit Kran, Hebebühne und Gleisanschluss ausgestattet. Doch schon 1943 verließ Breker wegen der Bombenangriffe auf Berlin die Stadt, weil die Glasoberlichte immer wieder zerbarsten und das Atelier oft voller Glassplitter lag.

1939 konnten noch zwei neue Schulen eröffnet werden. In der Molsheimer Straße 7 in Dahlem begann 1936 der Bau einer Grundschule, deren erster Abschnitt schon 1937 bezogen werden konnte. 1943 besetzte eine Marine-Wachkompanie das Gebäude, dessen Nordflügel am 28. Januar 1944 zerstört wurde (Wiederaufbau 1951). 1960 wurden hier die ersten Klassen der späteren John-F.-Kennedy-Schule eingerichtet. Nachdem diese 1963 ausgezogen waren, wurden ab etwa 1965 körperbehinderte Schüler der Biesalski-Schule aufgenommen. Da die Schule auf dem Ackerland der alten Mühlenaue nahe der Holländischen Mühle entstand, bekam sie am 15. März 1949 den Namen Mühlenau-Schule.

Die einzige höhere Schule, die in Zehlendorf in der NS-Zeit gegründet wurde, ist das 1939 eröffnete Dreilinden-Gymnasium in der Drei-

Im Haus Marinesteig 14 wohnte Willy Brandt von 1955 bis 1964, 2013.

lindenstraße 49 in Nikolassee. Ab 1943 wurde das Schulgebäude von der Wehrmacht als Heereszahnstation genutzt. Der Unterricht wurde erst am 30. Mai 1945 wiederaufgenommen.

Felix Bürkner, Major a. D., eröffnete am 25. Oktober 1930 auf dem Gut Düppel am Königsweg die zunächst private »Deutsche Reitschule«. 1933 zog der Reitersturm der SS hier ein. Nach einem Großbrand am 8./9. Dezember 1933 errichtete man 1934 eine neue, freitragende Reithalle, die 25 × 70 Meter maß. Sie brannte 1982 erneut ab. Neben der »Deutschen Reitschule« richtete die SA dort 1937/38 eine Reichs-Reiterführer-Schule zur vormilitärischen Ausbildung ein. Nach Kriegsende nutzte die US-Army die Anlage für ihre berittene Einheit der Militärpolizei (Horse Platoon). Das »Veterinary Hospital« war der Grundstein für das heutige Tier-Klinikum der Freien Universität.

Im Blockinnern zwischen Schlettstadter und Winfriedstraße eröffnete die BVG am 7. Dezember 1937 einen großen Busbetriebshof. Die Anlage wurde zum 1. Mai 2005 geschlossen und 2006 abgerissen. An seiner Stelle entstand 2007 die Seniorenwohnanlage Rosenhof mit 385 Appartements und 59 Pflegeplätzen.

Das ehemalige Luftgaukommando III, später US-Hautquartier, 8. Oktober 1997.

In der heutigen Clayallee 170–172 entstand nach Plänen von Fritz Fuß zwischen 1935 und 1938 das Luftgaukommando III. Der Neubau war einer der ersten Monumentalbauten der Nazis. Während die Gebäude von außen schlicht wirken, findet man innen eine kostspielige Ausstattung. So ist das Vestibül mit geschliffenem Travertin ausgekleidet. Den 56.400 Quadratmeter großen Komplex mit sieben Hauptgebäuden nutzte die US-Army als Hauptquartier, daneben gab es noch andere Abteilungen. Heute wird nur noch ein kleiner Teil von den Amerikanern als Konsulat und für ihre Visaabteilung genutzt.

An der Straße Zum Heckeshorn 33 in Wannsee errichtete man 1938/39 die Reichsluftschutzschule nach Plänen von Eduard Jobst Siedler. Hier wurden Luftschutzwarte aus ganz Deutschland systematisch ausgebildet. Aus der Zeit steht noch heute ein Bunker auf dem Gelände. Später etablierte sich hier eine Lungenklinik, in der das Leben der Sängerin und Schauspielerin Hildegard Knef endete. Am 31. Januar 2002 wurde sie gegen neun Uhr morgens bewusstlos eingeliefert und starb am darauffolgenden Tag gegen zwei Uhr morgens an einer akuten Lungenentzündung.

Fünfgeschossiger Flakbunker aus dem Jahre 1939 auf dem Gelände der ehemaligen Reichsluftschutzschule, 2003.

2007 wurden alle Abteilungen ins Helios-Klinikums Emil von Behring an der Walterhöferstraße 11 verlegt. Teile der alten Klinik werden heute für Filmaufnahmen und vom DRK für einen Blutspendedienst genutzt. Der Liegenschaftsfonds Berlin will 2013 ein Bieterverfahren eröffnen, um eine langfristige Nutzung zu gewährleisten. Der Vivantes-Konzern könnte sich dort z.B. eine »VIP-Klinik« für Privat- und Rehapatienten vorstellen.

Gegenüber der ehemaligen Lungenklinik liegt die Villa Am Großen Wannsee 56/58. Das Gebäude hatte sich der Fabrikant Ernst Marlier 1914/15 errichten lassen. 1921 verkaufte er es an den Generaldirektor des Stinnes-Konzerns Friedrich Minoux. 1940 erwarb es die SS-Stiftung Nordhav als Gästehaus für auswärtige Polizei- und SS-Offiziere. Ab 1943 diente die Villa dem Reichssicherheitshauptamt als »Kameradschafts- und Führerheim der Sicherheitspolizei«.

Nach Kriegsende war das Haus zunächst von sowjetischen Marinesoldaten, dann von amerikanischen Offizieren belegt. Ab 1947 kam hier das August-Bebel-Institut der SPD unter und von 1952 bis 1988 diente das Gebäude als Schullandheim des Bezirks Neukölln. In diesem Haus fand am 20. Januar 1942 unter Vorsitz des SS-Obergruppenführers Reinhard Heydrich eine Konferenz statt, auf der organisatorische Maßnahmen besprochen wurden, um elf Millionen Juden Europas in den Osten zu deportieren und zu ermorden. In Anklang an die Lage des Ortes ging die Besprechung als »Wannsee-Konferenz« in die Geschichte ein. Zum 50. Jahrestag der Wannsee-Konferenz wurde am 20. Januar 1992 in dem Haus eine Gedenk- und Bildungsstätte eröffnet.

Wo die NS-Prominenz wohnte

Die braune Ära auf der Insel Schwanenwerder begann 1936. Im »Dritten Reich« mussten etliche jüdische Besitzer ihr Anwesen gezwungenermaßen zu Niedrigstpreisen verkaufen und konnten ihr Geld oft nicht einmal mit ins Exil nehmen. Stattdessen schuf sich die NS-Prominenz hier ein Refugium. Zu ihnen gehörte Propagandaminister Joseph Goebbels. Er kaufte 1936/37 die Grundstücke Inselstraße 8–10; später kam in Nr. 12–14 noch ein Gästehaus hinzu.

Der Ingenieur Hans-Heinrich Kummerow plante 1942 ein Attentat auf Goebbels. Er wollte eine Sprengladung unter der Brücke zum Festland montieren und sie zünden, wenn der Propagandaminister darüberfuhr. Doch Kummerow wurde enttarnt und 1944 hingerichtet.

Das kriegsbeschädigte Haus von Goebbels wurde 1957 abgerissen und das Grundstück 1958 geteilt. Auf dem Grundstück Nr. 8 kam die Wasserschutzpolizei unter, Nr. 10 wurde von 1958 bis 1960 mit einem Wohnhaus bebaut, in dem sich seit 1974 das Aspen-Institut befindet. Es handelt sich hierbei um eine Internationale Begegnungsstätte für Politiker, Wissenschaftler, Künstler und Publizisten.

Ferner wohnte dort der Leibarzt Hitlers, Theodor Morell. 1939 kam er durch »Arisierung« in den Besitz der 38-Zimmer-Villa des Bankiers Georg Solmssen an der Spitze der Insel (Inselstraße 24–26). Solmssen konnte in die Schweiz emigrieren und starb am 10. Januar 1957 in Lugano. Die Baronin Marie Anne Goldschmidt-Rothschild musste 1938 ihr Grundstück in der Inselstraße 7 für lächerliche 150.000 Mark an den Architekten und Rüstungsminister Albert Speer verkaufen (Rückübertragung 1952 oder 1962).

Luftaufnahme der Insel Schwanenwerder.

In der Villa Inselstraße 38 auf Schwanenwerder richtete das »Deutsche Frauenwerk e. V.« im Sommer 1937 eine sogenannte »Reichsbräuteschule« ein. Hier mussten die Verlobten von SS- und NSDAP-Funktionären mehrwöchige Koch- und Säuglingspflegekurse belegen, um eine »tüchtige deutsche« Hausfrau und Mutter zu werden.

In der Nachkriegszeit wohnte US-General Lucius D. Clay während der Zeit der Luftbrücke in der Villa in der Inselstraße 16 und leitete die Operation von hier aus.

Schwanenwerder hatte und hat eine Vielzahl prominenter Bewohner: der ehemalige Polizeipräsident Erwin Schertz, der Verleger Axel Springer (die Witwe Springer verließ die Insel 1999) und die Schauspieler Gustav Fröhlich (gest. 1987) und Dieter Hallervorden (wohnt derzeit in Westend).

Joachim von Ribbentrop hatte durch unternehmerisches Geschick und seine Sprachkenntnisse ein großes Import-/Exportgeschäft für Getränke aufgebaut, mit dem er sehr viel Geld verdiente. Dafür leistete er sich 1922/23 eine großzügige Villa mit Tennisplatz und Swimmingpool in der Lentzeallee 7–11. Durch eine Adoption verschaffte er sich

Inselstraße 16, bewohnt u.a. von Dwight D. Eisenhower und Lucius D. Clay, 1953.

1925 den Adelstitel »von«, auf den er großen Wert legte. 1932 lernte er Hitler kennen und trat der NSDAP bei. Maßgebliche Verhandlungen, die schließlich am 30. Januar 1933 in der Bildung des Kabinetts Hitler mündeten, fanden in der Ribbentropschen Villa statt. Ribbentrop war 1936 zunächst Botschafter in London, ehe er 1938 Reichsaußenminister wurde. Nach dem Krieg wurde er vom Nürnberger Tribunal in allen Anklagepunkten für schuldig befunden und am 16. Oktober 1946 gehenkt.

Die US-Army beschlagnahmte das Haus, in dem am 4. August 1945 der amerikanische Soldatensender AFN (American Forces Network) seinen Sendebetrieb aufnahm. Das Gebäude wurde um 1975 abgerissen und durch eine schmucklose Wohnanlage ersetzt. Der AFN sendete von 1979 bis 1994 von der Saargemünder Straße 24 in Dahlem aus. Mit dem Abzug der Alliierten wurde auch der Sendebetrieb eingestellt, die Gebäude am 4. Juli 1997 abgerissen und das Gelände 1998/99 mit Stadtvillen und Wohnungen bebaut.

Roland Freisler, seit 1942 Präsident des Volksgerichtshofs, wohnte im Hüttenweg 14a. Bekannt war er für seine unsachlich geführten Pro-

Das Wohnhaus von Roland Freisler, 2013.

zesse, wie z. B. gegen Mitglieder der Widerstandsgruppe »Weiße Rose« und gegen die Verschwörer vom 20. Juli 1944. Er ließ die von ihm befragten Angeklagten kaum ausreden, beschimpfte sie mit »Würstchen«, »Esel« oder »Schweinehund« und brüllte herum. Durchschnittlich fällte der von ihm geleitete Erste Senat täglich drei Todesurteile. Freisler starb am 3. Februar 1945, als bei einem Bombenangriff auf das Zentrum Berlins auch das Gebäude des Volksgerichtshofs in der Bellevuestraße getroffen wurde. Er wurde auf dem Waldfriedhof Dahlem am Hüttenweg ohne Namensnennung im Grab seiner Schwiegereltern beigesetzt. Die Witwe Marion Freisler zog nach dem Krieg unter ihrem Mädchennamen Russegger nach München. Als sie 1997 starb, wurde sie an der Seite ihres Mannes beigesetzt.

1937 zog Reinhard Heydrich von der Sembritzkistraße in Berlin-Südende nach Nikolassee in den Reifträgerweg 14. Er war Leiter des Reichssicherheitshauptamts (RSHA) und stellvertretender Reichsprotektor in Böhmen und Mähren. 1942 leitete er die Wannsee-Konferenz. Heydrich, auf den am 27. Mai 1942 in Prag ein Attentat verübt wurde, starb acht Tage später an seinen Verletzungen.

Auch Wilhelm Canaris wohnte zunächst in der Südender Sembritzkistraße. Heydrich und Canaris waren sich dort zufällig bei einem Spaziergang begegnet und seither gab es gegenseitige Einladungen der Familien. Canaris tauschte schon 1935 seine Wohnung gegen ein Haus im Waldsängerpfad 17–19. Der private Kontakt zu Heydrich brach ab und so war Canaris überrascht, als er eines Tages die Heydrichs im Nachbargarten in Nikolassee entdeckte. Zufällig stießen beide Grundstücke mit der hinteren Seite aneinander. Durch eine veränderte Grundstücksaufteilung ist das heute nicht mehr der Fall.

Canaris war von 1935 bis 1944 Leiter des militärischen Geheimdienstes der Wehrmacht. Er wandte sich aber intern gegen die Massenmorde im Osten und gegen die Bombardierung Warschaus. Außerdem ahnte er den Ausgang des militärischen Abenteuers: »Die deutschen Armeen werden auf den eisigen Ebenen Rußlands verbluten, und wir werden nach zwei Jahren nichts mehr von ihnen wiederfinden.«[16] Canaris wurde 1944 seines Amtes enthoben und fünf Monate später verhaftet. Er kam am 5. Februar 1945 ins KZ Flossenbürg, wo er am 9. April mit anderen Gefangenen gehenkt wurde, unter ihnen auch Dietrich Bonhoeffer.

Karl Dönitz wohnte in der Bitterstraße 14. Die Villa, 1921/22 von den Brüdern Hugo und Otto Schellenberg für den Kaufmann Hans Schlick erbaut, liegt etwas von der Straße zurückgesetzt. Dönitz avancierte vom »Führer der U-Boote« (FdU, offizielle Dienststellung) zum Oberbefehlshaber der Kriegsmarine 1943. Hitler hatte ihn zu seinem Nachfolger als Reichspräsident und als Oberbefehlshaber der Wehrmacht bestimmt. Dönitz meinte, als unabhängiger deutscher Regierungschef agieren zu können, bis er am 23. Mai 1945 verhaftet wurde. Im Nürnberger Kriegsverbrecherprozess wurde er wegen Führens von Angriffskriegen und Kriegsverbrechen zu zehn Jahren Haft verurteilt. Nach Verbüßung der Haftstrafe starb er Heiligabend 1980 in Aumühle im Alter von 89 Jahren.

Martin Bormann war Leiter der Partei-Kanzlei der NSDAP. Er wohnte zeitweilig in der Pücklerstraße 20. 1946 wurde er in den Nürnberger Prozessen in Abwesenheit zum Tode verurteilt. Bormann hatte sich in der Nacht zum 2. Mai 1945 in der Nähe des heutigen Hauptbahnhofs mit Blausäure das Leben genommen. Sein Skelett wurde 1972 zufällig bei Erdarbeiten entdeckt, die Überreste 1999 verbrannt und seine Asche in der Ostsee beigesetzt.

Planungsamt des Reichskommissariats für die Festigung deutschen Volkstums in der Podbielskiallee 25/27, 2013.

Hjalmar Schacht, in den Jahren 1933 bis 1939 Reichsbankpräsident und in den Jahren von 1934 bis 1937 Reichswirtschaftsminister, wohnte in der Straße Vogelsang 9. Er wurde in den Nürnberger Prozessen freigesprochen. Johann Ludwig Graf Schwerin von Krosigk wohnte in der Thielallee 89. Er war von 1932 bis 1945 Reichsfinanzminister. Er wurde zu zehn Jahren Haft verurteilt, aber bereits 1951 entlassen. 1977 starb er 89-jährig.

Auch nahezu die gesamte militärische Führung der Wehrmacht wohnte in Dahlem. Darunter waren die Generalfeldmarschälle Walther von Brauchitsch (Dohnensteig 19), Friedrich Paulus (Altensteinstraße 19), Erich von Manstein (Faradayweg 15) und Albert Kesselring (Englerallee 19).

Auch einige NS-Dienststellen waren in Dahlem untergebracht, wie z. B. das »Planungsamt des Reichskommissariats für die Festigung deutschen Volkstums«. Die Aufgaben, nämlich die »Ausschaltung des schädigenden Einflusses« von »volksfremden Bevölkerungsteilen auf Reich und deutsche Volksgemeinschaft« und »die Gestaltung neuer deutscher Siedlungsgebiete durch Umsiedlung« bedeuteten schlicht den Tod und die Vertreibung von Millionen Menschen in Osteuropa. Das Amt befand sich in der Podbielskiallee 25/27.

Ebenfalls in der Podbielskiallee wohnte der Boxer Max Schmeling. Anfang der 1930er Jahre logierte er zunächst in einer 7-Zimmer-Wohnung am Brixplatz 9 in Westend in der dritten Etage rechts. Dort lernte er die Schauspielerin Anny Ondra kennen, die er 1933 heiratete. Mit ihr bezog er im gleichen Jahr die obere Etage der geräumigen Villa Podbielskiallee 42. In den zehn Zimmern ließ es sich leben, und Schmeling trainierte, indem er regelmäßig zum Roseneck und weiter zum Grunewaldsee lief – und dann einige Runden um den malerischen See drehte.

Zwischen 1930 und 1932 war er Boxweltmeister im Schwergewicht. Schmelings berühmtester Kampf am 19. Juni 1936 in New York gegen Joe Louis endete für ihn mit einem K.O.-Sieg in der zwölften Runde, auch wenn dies kein Weltmeisterschaftskampf war.

Elf Tage später brannte sein Sommerhaus in Bad Saarow nieder, das bei einem schweren Gewitter von einem Blitz getroffen wurde, während Schmeling gerade beim Speisen war. Er musste in seine Dahlemer Wohnung zurückkehren. In dem Gebäude befindet sich heute die Botschaft von Libyen. Später zogen die Schmelings in eine kleinere Villa am Föhrenweg 16, verließen Berlin aber wegen der häufigen Bombenangriffe. Als die Berliner Wohnung von General Wilhelm Keitel 1943 ausgebombt wurde, überließ Schmeling ihm das Haus.

Nach Kriegsende zog Max Schmeling nach Hamburg. Er starb 2005 acht Monate vor seinem 100. Geburtstag.

Der Regisseur und Kameramann Carl Froelich trat 1933 in die NSDAP ein. Nachdem er 1939 zum Präsidenten der Reichsfilmkammer ernannt worden war, zog er in die Villa Thielallee 36 in Dahlem. In diesem Haus hatte er sich 1942 einen privaten Vorführraum einrichten lassen. Hier sichtete man alte und neue Filme und die Nazis entschieden darüber, was die »deutschen Volksgenossen« sehen durften. Eine Bombe in den letzten Kriegsmonaten zerstörte große Teile der Villa. Doch schon 1946 eröffnete man hier das Kino Capitol, das noch heute besteht.

Wie im ganzen Deutschen Reich gab es auch in Zehlendorf gut ein Dutzend Zwangsarbeiterlager, von denen hier nur einige erwähnt werden können. Einige hundert Gefangene mussten in den Industriebetrieben an der Goerzallee arbeiten. In Wannsee gab es Lager des Rüstungs-

Kino Capitol in der Thielallee, 2003.

ministeriums und der Reichsbahn. In der Tewsstraße in Schlachtensee hatte die Organisation Todt ab 1941 ein Lager für 500 Personen eingerichetet. Kriegsgefangenenlager gab es u. a. in der Dahlemer Takustraße und seit 1941 am Kronprinzessinnenweg in Nikolassee.

Wo die Widerstandskämpfer wohnten

Gegen das NS-Regime gab es Widerstand von konservativ-bürgerlicher, wissenschaftlicher, gewerkschaftlicher, linker, militärischer und kirchlicher Seite. 1931 wurde Martin Niemöller als Pfarrer für die 1932 eingeweihte Jesus-Christus-Kirche in Dahlem berufen. Der Theologe, einst Marineoffizier, sympathisierte zunächst mit den Nationalsozialisten. Doch als deutlich wurde, dass aus der evangelischen Kirche eine von der nationalsozialistischen Ideologie beherrschte »Reichskirche« werden sollte, die Christen jüdischer Herkunft ausschloss, wurde Niemöller zum Gegner. Nach den Bestimmungen der Reichskirche sollte eine Ehe mit »Nichtariern« nun ein Nichtberufungs- oder Entlassungsgrund von Geistlichen und Kirchenbeamten sein. Niemöller hatte 1933 den Pfarrernotbund mitbegründet, dem bald rund 20 Prozent der Pfarrer angehörten. Der Bund sollte die 30 bis 50 vom kirchlichen Arierparagrafen betroffenen Pfarrer jüdischer Herkunft ideell und materiell unterstützen. Am 19./20. Oktober 1934 fand im Gemeindehaus in Dahlem die zweite Bekenntnissynode statt, nach der nur die Bekennende Kirche, zu deren Leitung Niemöller gehörte, die eigentliche evangelische Kirche repräsentiere. Den christlichen Glauben den jeweils herrschenden weltanschaulichen und politischen Überzeugungen anzupassen, sei eine »falsche Lehre«. In seinen Predigten redete Niemöller Klartext. Ein Spitzel der Gestapo berichtete von einem Gottesdienst in der St. Annen-Kirche am 30. Januar 1937: »Es war eine Schande, daß ... dieser Pastor N. sich erlaubte, Gifte der Zersetzung und Gemeinheiten um sich zu spritzen.«[17] Am Morgen des 1. Juli 1937 wurde Niemöller im Pfarrhaus verhaftet. Daraufhin versammelte sich seine Gemeinde jeden Abend zu Fürbittgottesdiensten für alle Gefangenen. Am 2. März 1938 wurde Niemöller zu sieben Monaten Haft verurteilt, die durch die Untersuchungshaft eigentlich schon abgegolten waren. Doch die Gestapo nahm ihn gleich am Gefängnistor in Empfang und brachte ihn ins KZ Sachsenhausen, später nach Dachau. Niemöller überlebte, blieb weiter unbequem und engagierte sich in der Friedensbewegung. Er wurde 92 Jahre alt.

Junge Sozialdemokraten hatten sich eine Methode ausgedacht, Informationen über bevorstehende Verhaftungen zu verbreiten. Sie fuhren mit einem gemieteten Motorboot und selbst gebautem Sender von Wannsee nach Tegel und zurück, während sie die Namen der Betroffenen durchsagten. Der Sender, der eine Reichweite von fünf bis sechs Kilometern hatte und wohl auf Radiofrequenzen zu hören war, konnte kaum geortet werden, da er ständig in Bewegung war. Zur Tarnung lümmelten Mädels in Badeanzügen auf Deck und am Heck flatterte eine Hakenkreuzfahne im Wind.

In der Doppelhaushälfte Am Fischtal 8 wohnte seit 1932 der Sozialdemokrat Ernst von Harnack, der zuvor Regierungspräsident zu Merseburg war. Wegen seiner Beteiligung am Hitler-Attentat vom 20. Juli 1944 wurde er am 5. März 1945 in Plötzensee gehenkt und an unbekannter Stelle verscharrt.

Ein anderer Sozialdemokrat, Julius Leber, wurde am 23. März 1933 vor dem Betreten der Krolloper verhaftet, um ihn an der Abstimmung des Reichstages über das Ermächtigungsgesetz zu hindern. Wegen eines Mordvorwurfs musste er zunächst 20 Monate im Gefängnis zubringen und war danach bis 1937 im KZ Sachsenhausen inhaftiert. 1938 zog er in das Reihenhaus Eisvogelweg 71 und nahm Kontakt zu Harnack auf, der nur 300 Meter entfernt wohnte. Es ist aber fraglich, ob sie dort in engem Kontakt standen. Nach der Machtübernahme der Nazis kündigte man einigen Mietern der Fischtal-Siedlung und tauschte sie durch pflichtbewusste Parteimitglieder aus. So stand man in der Siedlung als politisch unzuverlässige Person immer unter Beobachtung. Als konspirativer Treffpunkt diente daher eine Kohlenhandlung in Schöneberg nahe dem »Jauch-Gasometer«. Julius Leber wurde bereits am 5. Juli 1944, also vor dem gescheiterten Attentat, von der Gestapo verhaftet. Wahrscheinlich hatte ihn ein Spitzel verraten. Leber wurde am 5. Januar 1945 in Plötzensee hingerichtet. Sein Ehrengrab auf dem Waldfriedhof Zehlendorf liegt in der Abt.XVI-W-701/702.

Aber auch Wissenschaftler gingen in Opposition zum Regime. Otto Hahn, der in der Altensteinstraße 48 wohnte, verhalf seiner Mitarbeiterin Lise Meitner zur Flucht nach Schweden, da sie wegen ihrer jüdischen Abstammung gefährdet war. Sie war 1926 die erste Physik-Professorin in Deutschland. Hahn, der für die Entdeckung und den radiochemischen Nachweis der Kernspaltung 1944 den Nobelpreis für Chemie erhielt, weigerte sich, der NSDAP beizutreten.

Der Physiker Max von Laue, seit 1920 wohnhaft in der Albertinenstraße 17 in Zehlendorf-Süd, hatte 1914 den Nobelpreis erhalten. Er wandte sich offen gegen die Absurdität einer von den Nazis propagierten »deutschen, rassisch reinen Physik«, die sich gegen jüdische Wissenschaftler wie Albert Einstein richtete, verhalf Verfolgten zur Flucht und kümmerte sich um Inhaftierte.

Der Schauspieler Paul Hörbiger baute sich 1935 ein Haus in der Glockenstraße 23/25. Das mag damit zusammengehangen haben, dass er mit zwei Partnern 1935 die »Allgemeine Film-Aufnahme und Vertriebs GmbH« in Berlin gegründet hatte, die bis 1955 seichte Unterhaltungsfilme produzierte. Bei Dreharbeiten am 14. Juni 1935 in Lichterfelde-Ost riss sich ein Heißluftballon mit dem Schauspieler los und hob ab. Erst nach 800 Metern landete er auf dem Gelände einer Gärtnerei.

Hörbiger verhalf vielen jüdischen Kollegen zur Flucht in die Schweiz. Im Gegensatz zu seinem Bruder Attila wirkte er auch nicht in Propagandafilmen mit. Trotzdem wurde er 1944 von Goebbels auf die

»Gottbegnadeten-Liste« gesetzt. Damit zählte der Burg-Schauspieler zu jenen »unersetzbaren« Künstlern, die vom Front- und Arbeitsdienst befreit waren.

Kurz vor Kriegsende schloss sich Hörbiger einer kleinen Wiener Widerstandsgruppe an, die er finanziell unterstützte und für die er auch den Schauspieler Theo Lingen gewinnen konnte. Deshalb wurde er 1945 verhaftet und wegen Hochverrats zum Tode verurteilt. Die BBC meldete damals bereits seine Hinrichtung. Nach zweieinhalb Monaten Haft wurde er jedoch am 6. April 1945 befreit.

Hörbiger wohnte auch nach dem Zweiten Weltkrieg in seinem Zehlendorfer Haus und widmete sich hier mit Leidenschaft der Gartenarbeit. Noch Mitte der 1950er Jahre bewirtschaftete er seinen über 800 Quadratmeter großen Obst- und Gemüsegarten, wo unter Glas bereits im August die Weintrauben reiften. Aber erst, wenn alles abgeerntet war und der Wein – ebenfalls von ihm persönlich – gepresst im Keller zu gären begann, zog Hörbiger einen Filmabstecher nach Wien in Erwägung, denn Drehtage in der Gartensaison empfand er als ausgesprochen störend. Hörbigers Haus gibt es nicht mehr, seit 2004 steht dort ein Neubau.

Der Schriftsteller Werner Bergengruen wohnte bis 1936 in der Riemeisterstraße 107 und zog dann nach München-Solln. Das dortige Haus wurde 1942 durch eine Luftmine zerstört. Seine regimekritischen Gedichte des Zyklus »Der ewige Kaiser« (1937) gingen in Abschriften von Hand zu Hand. Manche Arbeiten publizierte er unter einem Pseudonym. Schließlich wurden einige seiner Bücher verboten und er erhielt ein Rundfunk- und Vortragsverbot. 1937 schloss man ihn aus der Reichsschrifttumskammer aus.

Im gleichen Jahr wurde auch der Schriftsteller Jochen Klepper aus der Kammer ausgeschlossen, was praktisch Berufsverbot und Arbeitslosigkeit bedeutete. 1935 hatte er sein neues Haus in Berlin-Südende bezogen, musste es jedoch 1939 wieder verlassen. In den Neubauplanungen Speers war ursprünglich der Abriss vorgesehen, aber es ist dennoch bis heute erhalten. In der Teutonenstraße 23 in Nikolassee mussten die Kleppers von vorne anfangen. Nach der Grundsteinlegung am 25. August 1938 und dem Richtfest am 25. Oktober 1938 war am 22. Mai 1939 das zweite Haus bezugsfertig.

Da seine Frau und seine beiden Stieftöchter Jüdinnen waren, geriet die Familie zunehmend unter Druck. Da nutzte es auch nichts, dass sich Johanna Klepper am 18. Dezember 1938 taufen ließ und das Ehepaar kirchlich getraut wurde. Mischehen sollten zwangsweise geschieden werden.

Seine ältere Stieftochter Brigitte konnte sich noch nach England retten. Der anderen Tochter und seiner Frau drohte die Deportation. In ihrer Verzweiflung nahm sich die Familie in der Nacht vom 10. auf den 11. Dezember 1942 mit Schlaftabletten und Gas gemeinsam das Leben. Die letzte erschütternde Eintragung im Tagebuch des 39-jährigen Kleppers lautet:

»Nachmittags die Verhandlung auf dem Sicherheitsdienst. Wir sterben nun – ach, auch das steht bei Gott – Wir gehen heute nacht gemeinsam in den Tod. Über uns steht in den letzten Stunden das Bild des Segnenden Christus, der um uns ringt. In dessen Anblick endet unser Leben.«[18]

Die Grabstätte der Kleppers befindet sich auf dem Friedhof Nikolassee in der Abteilung JI-1/2.

Eine bürgerlich-zivile Widerstandsgruppe war der Kreisauer Kreis, der sich mit Plänen zur politisch-gesellschaftlichen Neuordnung nach der Hitler-Diktatur befasste. Aus christlicher Überzeugung lehnte man ein Attentat ab. Man war bereit, eine totale militärische Niederlage in Kauf zu nehmen, um eine Wiederholung der sogenannten Dolchstoßlegende, die die Schuld an der Niederlage im Ersten Weltkrig bei revolutionären Zivilisten in der Heimat sieht, zu verhindern. Der Name »Kreisauer Kreis« leitet sich von dem Gut des Gründers Helmuth James Graf von Moltke ab, das im schlesischen Kreisau (heute Krzyżowa) lag. Weitere Mitglieder waren der Jurist und Diplomat Adam von Trott zu Solz in der Rheinbabenallee 47 (gehört heute zu Schmargendorf) und Hans-Bernd von Haeften in der Peter-Lenné-Straße 42. Von Haeften war seit 1933 aktives Mitglied der Bekennenden Kirche und der Familie Niemöller freundschaftlich verbunden.

Im Zusammenhang mit dem gescheiterten Attentat auf Hitler wurde von Haeften am 23. Juli und Adam von Trott zu Solz zwei Tage später verhaftet. Beide wurden zum Tode verurteilt und am 15. bzw. 26. August 1944 im Strafgefängnis Plötzensee gehenkt. Von Haeften ist auf dem Dorfkirchhof Dahlem beigesetzt worden.

Die sogenannte Operation »Walküre«, das (fehlgeschlagene) Attentat auf Hitler am 20. Juli 1944, war von einer Gruppe von Verschwörern aus dem Militär geplant worden. Claus Schenk Graf von Stauf-

Das Grab von Hans Bernd von Haeften.

fenberg fiel dabei die Rolle zu, eine Bombe in Hitlers Hauptquartier »Wolfsschanze« zu platzieren. Hitler war aber zu weit vom Sprengsatz entfernt und wurde nur leicht verletzt. Der Mitverschwörer Generaloberst Ludwig Beck nahm sich das Leben, Stauffenberg und drei weitere Verschwörer wurden im Hof des Bendlerblocks standrechtlich erschossen.

Oberst Claus Graf Schenk von Stauffenberg wohnte mit seinem Bruder Berthold zur Miete im zweiten Stock der Villa Tristanstraße 8 in Nikolassee, ursprünglich 1906 für den Geh. Reg.-Baurat Ludwig von Tiedemann erbaut.

Auch der Verwaltungsbeamte Fritz-Dietlof Graf von der Schulenburg war aktiv an der Planung des Attentats beteiligt. Er wohnte im Ithweg 15 nahe der Krummen Lanke und sollte nach erfolgreichem Umsturz Innenminister werden. Er wurde am 20. Juli verhaftet, am 10. August 1944 zum Tode verurteilt und noch am selben Tag gehenkt.

Das Kriegsende

Am 20. April 1945 hatte die Rote Armee die Außenbezirke Berlins erreicht. Nachdem sie am 24. April den Teltowkanal überquert hatte, überrannte sie den Volkssturm aus Kindern und alten Menschen. Zehlendorf, Nikolassee und Schlachtensee wurden kampflos eingenommen. Der Gefechtsstand im Hotel Nestler in der Argentinischen Allee war offensichtlich nutzlos. Der Zehlendorfer Bezirksbürgermeister Walter Helfenstein beging unter nie ganz geklärten Umständen Selbstmord. Der Steglitzer Bezirksbürgermeister Herbert Treff wohnte auch in Zehlendorf, zunächst im Süntelsteig 36, ab 1941 in der Englerallee 6. Dort wurde er am 26. April 1945 mit seiner Familie von Rotarmisten durch Schläge mit dem Gewehrkolben ins Genick umgebracht. Einen Tag später wurde Dahlem besetzt.

Die Sowjets setzten am 26. April den Diplomlandwirt Georg Schulze als Bezirksbürgermeister ein, obwohl in Wannsee noch gekämpft wurde. In diesem Ortsteil, der nur über Brücken erreichbar ist, hatte die Wehrmacht aus dem Raum Potsdam die letzten Kräfte zusammengezogen. Der Kommandant zwang die deutschen Soldaten zu einem ebenso erbitterten wie sinnlosen Widerstand. Dabei kamen 800 bis 900 deutsche Soldaten ums Leben, von denen nur 73 identifiziert werden konnten. Alle anderen wurden in einem Massengrab auf dem Friedhof Wannsee an der Friedenstraße beigesetzt. Erst am Tag der Kapitulation Berlins, am 2. Mai 1945, gab auch Wannsee seinen Widerstand auf.

Es begannen in ganz Berlin furchtbare Tage mit Plünderungen, Vergewaltigungen, willkürlichen Verhaftungen und Verschleppungen. Andere erlebten die Eroberung Berlins durch die Rote Armee als Befreiung vom Faschismus.

NEUBEGINN NACH 1945

Zehlendorf wird amerikanisch

Der sowjetische Stadtkommandant von Berlin, Generaloberst Nikolai Bersarin, löste die deutschen Bezirksverwaltungen auf. An ihre Stelle traten zunächst Volkskomitees mit einem Netz von Block-, Straßen- und Hausvertrauensleuten. Das System der Überwachung durch die Nationalsozialisten wurde so durch die Überwachung der sowjetischen Militärverwaltung abgelöst. Autos, Fotoapparate und Radiogeräte mussten abgegeben werden, außerdem wurde zwischen 22 und 8 Uhr eine Ausgangssperre verhängt. Der Zehlendorfer Bezirkskommandant Oberst Kareschun löste den eben erst eingesetzten Georg Schulze am 10. Mai 1945 wieder ab und beauftragte Werner Wittgenstein (CDU) als neuen Bezirksbürgermeister damit, ein neues Bezirksamt zusammenzustellen. Ihm gehörten Mitglieder der CDU, SPD, KPD und LDP an. Zu den dringlichsten Aufgaben zählten die Versorgung der Bevölkerung mit Lebensmitteln und die Unterbringung der Flüchtlinge und Ausgebombten. Während in der Innenstadt ganze Straßenzüge unbewohnbar waren, gab es in Zehlendorf »nur« 3.000 beschädigte oder total zerstörte Gebäude. Rund 1.200 davon konnten zumindest behelfsmäßig winterfest gemacht werden. Von 26.153 Wohnungen 1943 waren 1946 nur noch 19.808 Wohnungen nutzbar. Das bedeutet einen Wohnraumverlust von 24,3 Prozent.

Um Lebensmittel, Bau- und Heizmaterial überhaupt transportieren zu können, mussten Panzersperren, Munition, Wracks und Schutt von den Straßen geräumt werden. Die provisorisch bestatteten Kriegstoten in Gärten und Grünanlagen wurden auf Friedhöfe umgebettet. In diesem Zusammenhang wurde 1945 der Waldfriedhof Zehlendorf an der Potsdamer Chaussee in einem bestehenden Kiefernwald neu angelegt. 1946/47 wurde der Nordwestteil der Anlage gärtnerisch gestaltet, in den Jahren 1948 bis 1954 folgten Erweiterungen. 1958 entstanden eine große und eine kleine Feierhalle. Eine Besonderheit ist der 1953 angelegte italienische Ehrenfriedhof, auf dessen Wiesenfläche über 1.000 kleine Kissensteine liegen. Zu den rund 40.000 Verstorbenen, die hier

Gebäude der Alliierten Kommandantur in der Kaiserswerther Straße 16/18 in Dahlem, 2002.

bestattet wurden, zählen u.a. Ernst Reuter, Willy Brandt, Hildegard Knef, Boleslaw Barlog, Götz Friedrich, Ekkehard Fritsch, Martin Held, Jakob Kaiser, Julius Leber, Paul Löbe, Wolfgang Neuss, Günter Pfitzmann und Hans Scharoun.

Die Alliierten hatten bereits auf diversen Konferenzen beschlossen, die deutsche Hauptstadt entlang der Bezirksgrenzen in vier Sektoren aufzuteilen. Ab dem 1. Juli 1945 besetzte jede Siegermacht (USA, Großbritannien, Frankreich, Sowjetunion) einen Sektor. Zehlendorf wurde dabei Teil des amerikanischen Sektors.

Bereits am 23. Juni 1945 kam eine US-Aufklärungseinheit zur Vorbereitung der Besatzung aus dem Hauptquartier Halle in Babelsberg an. Doch die Sowjets verweigerten den Zugang nach Berlin und so musste die Einheit am 28. Juni unverrichteter Dinge wieder umkehren. Daher trafen erst am 1. Juli 1945 Truppen der First Allied Airborne Armee über die Autobahn kommend in Zehlendorf ein. Da eine Vorbereitung von den Sowjets verhindert worden war, mussten die westalliierten Truppen zunächst im Grunewald kampieren. Obwohl die offizielle Übergabe der Westsektoren bereits am 4. Juli um 24 Uhr vollzogen werden sollte, rückten die letzten Sowjets erst am 12. Juli 1945 ab. Daher gab es in Zehlendorf zwischen dem 5. und 11. Juli eine amerikanische und eine sowjetische Militärregierung, die beide gegenüber den deutschen Behörden Weisungsbefugnisse geltend machten.

Die US-Army verschärfte zunächst das Problem des knappen Wohnraums, indem sie von den etwa 11.000 bewohnbaren Häusern in Zehlendorf 3.380 für ihre Zwecke beschlagnahmte, also ca. 30 Prozent. Hinzu kamen Flüchtlinge aus den total zerstörten Vierteln in Kreuzberg, die man notdürftig in Baracken unterbrachte. Neben Wohnhäusern waren sechs Krankenhäuser, elf Verwaltungsgebäude, neun Kinderheime sowie die katholische St. Bernhard Kirche und die Dorfkirche Dahlem schwer beschädigt. Von 19 Schulen waren 16 beschädigt, zehn davon schwer. Der Teltowkanal war durch gesunkene Schiffe und die Trümmer der gesprengten Brücken blockiert.

Am 27. August 1945 eröffnete der Schauspieler und Regisseur Jürgen Fehling ein Theater in der Berliner Straße 8. Zunächst wurden Szenen aus klassischen Stücken gespielt, aber auch der Urfaust mit O. E. Hasse. Später führte man Komödien und Boulevardstücke auf, bis der Spielbetrieb 1948 wieder eingestellt wurde.

Ein großes Problem stellten die »Displaced Persons« dar, die durch die Naziherrschaft und den Krieg entwurzelt waren. Dies betraf vor allem die jüdische Bevölkerung Ostmitteleuropas. Für sie richtete die UNRRA (United Nations Relief and Rehabilitation Administration) ein Lager am Teltower Damm 87–91 ein. Seit Januar 1946 gab es ein Durchgangslager für polnisch-jüdische Flüchtlinge mit Platz für 5.000 Menschen an der Potsdamer Chaussee 87 (hinter der einstigen Fernfahrergaststätte Mutter Mochow).

An manchen Tagen erreichten mehr als 300 Juden das bereits überfüllte Lager. Um Platz für Neuankömmlinge zu schaffen, mussten die Menschen möglichst schnell in die westlichen Besatzungszonen gebracht werden. Während der Blockade transportierte man die Menschen mit den Flugzeugen der Luftbrücke, die auf dem Rückflug leer waren. Später dienten die Baracken der Unterbringung von DDR-Flüchtlingen. Von dem Lager sind heute keine baulichen Reste mehr erhalten, aber am 4. Juli 2012 wurde eine Gedenktafel an der Südwestwand des Hauses eingeweiht.

Zur Kontrolle und Verwaltung des Gebietes von Groß-Berlin wurde die Alliierte Kommandantur (AK) gegründet, geleitet von den vier

Stadtkommandanten. Sie erhielten ihre Weisungen vom Alliierten Kontrollrat, der für ganz Deutschland zuständig war, und setzten sie in Befehle gegenüber der deutschen Verwaltung um. Zwischen 1945 und 1990 war die AK die oberste Gewalt in Berlin. Ab der zweiten Sitzung am 18. Juli 1945 tagte sie im Gebäude des Verbandes der öffentlichen Feuerversicherungsanstalten in der Kaiserswerther Straße 16/18 in Dahlem. Das Haus, 1926/27 nach Plänen von Heinrich Straumer errichtet, hatte die Deutsche Arbeitsfront seit dem 1. April 1939 gemietet.

1948 zogen sich die sowjetischen Vertreter wegen zu großer Meinungsverschiedenheiten für immer aus der AK zurück. Diese tagte mit drei Siegermächten zwar weiterhin, aber fortan galten die Beschlüsse nur noch für die Westsektoren.

Einen Tag vor der Deutschen Einheit, also am 2. Oktober 1990, wurde die AK aufgelöst. Das Gebäude, im Januar 1991 geräumt, wird heute vom Präsidialamt und der Zentralen Verwaltung der Freien Universität genutzt. Da jede Veränderung ein Politikum war, blieb das Gebäude über all die Jahrzehnte hinweg bis hin zu den Möbeln im Originalzustand erhalten.

Auch Jahre nach Kriegsende hatten noch viele Menschen Probleme, sich mit dem Nötigsten zu versorgen. So gab es im Dezember 1949 noch 3.539 Hauptunterstützungsempfänger.

Die Standorte der US-Army damals und heute

Das US-Hauptquartier kam im ehemaligen Luftgaukommando III an der späteren Clayallee unter. Von Juni bis November 1945 war auch das Dreilinden-Gymnasium von den amerikanischen Militärbehörden beschlagnahmt. Den Mittelhof am Kirchweg 33 in Nikolassee nutzte das US-Militär bis 1947 als »Red Cross Club«. Nach einer Zwischennutzung als Nachbarschafts- und Altersheim ist heute die Historische Kommission dort untergebracht.

Das Gäste- und Clubhaus der Kaiser-Wilhelm-Gesellschaft in der Ihnestraße 16–20 war während der Besatzungszeit US-Offizierskasino.

Das Gros der US-Truppen war in drei Kasernen in Lichterfelde einquartiert. Die requirierten Wohnhäuser wurden nach und nach wieder geräumt und den Eigentümern zurückgegeben, sofern es sich nicht um hohe NS-Funktionäre oder Kriegsverbrecher handelte. Für die Fami-

Verbreiterung der Clayallee, 1951.

lienangehörigen der US-Garnison entstanden in Zehlendorf seit 1951 mehrere Wohnsiedlungen. In den luxuriös und fertig eingerichteten Wohnungen logierten die Armeeangehörigen nicht nur mietfrei, auch Strom und Gas waren gratis. Die Wohnungsprojekte wurden von der Bundesrepublik finanziert, sollten aber nach Abzug ihrer Bewohner der deutschen Bevölkerung zur Verfügung stehen.

1951 wurden die ersten Wohnblocks für amerikanische Soldaten an der Argentinischen Allee errichtet. Im Parkgelände am Dreipfuhl (Lützelsteiner Weg/Reichshofer Straße/Ripleystraße) entstanden 1956/57 für höhere US-Dienstränge flachgedeckte ebenerdige Einfamilienhäuser im Bungalowstil und die durch Doppelcarports verbundenen Duplex-Häuser. Sie stehen seit 1990 unter Denkmalschutz.

Gegenüber dem US-Hauptquartier entstand ein großes Wohngebiet mit verschiedenen Infrastruktureinrichtungen. Es lag an der Kronprinzenallee, die am 1. Juni 1949 in Clayallee umgetauft wurde. Zwischen 1951 und 1957 wurde der Straßenzug verbreitert.

Die Berlin Brigade Housing Area zwischen Argentinischer Allee und Clayallee umfasste 1959 bereits 30 Wohnblocks. Das Zentrum war

Shopping-Center für die Angehörigen der US-Army, 1951.

das 1946 zunächst als Kantine (»main mess hall«) eröffnete Einkaufszentrum Truman-Hall. Es war ausschließlich Angehörigen des US-Militärs vorbehalten. 1974 ersetzte man die alten Anlagen an der Clayallee 169/171 durch einen modernen Neubau (Truman-Plaza). Nach dem Abzug der Alliierten wurde alles abgerissen. Auf diesem Brachgelände entstanden 2012/13 60 drei- bis viergeschossige Wohnhäuser und Gewerbebauten. Die Ecke Clayallee/Argentinische Allee wird durch einen sechsstöckigen Neubau mit Läden und Arztpraxen betont. Bauherr ist der bayerische Unternehmer Ludwig Stoffel, der für den Bau exklusiver Wohnsiedlungen bekannt ist.

Als Kino nutzten die Amerikaner zunächst das seit 1934 bestehende Onkel-Tom-Kino in der Wilskistraße 47b (heute Discounter). 1953 eröffnete das amerikanische Militär mit dem Outpost (Außenposten) in der Clayallee 35 ein eigenes Kino. Es wird heute vom 1998 eröffneten Alliiertenmuseum als Ausstellungsraum genutzt.

Ebenfalls für die Angehörigen der US-Streitkräfte wurde am 14. Dezember 1957 die United States Army Chapel am Hüttenweg 46 eingeweiht. Der Bau mit freistehendem Glockenturm entstand nach Plänen

Ehemaliges Kino »Outpost« der US-Army, 2002.

von Carl Mertz. Nach dem Abzug der Alliierten steht das Hauptschiff der Kirche, die jetzt Berlin Community Chapel heißt, der englischsprachigen evangelischen Gemeinde (Protestant Faith Fellowship) zur Verfügung. Die englischsprachigen Katholiken (All Saints) feiern ihre Gottesdienste im Querbau. Im Gemeindesaal eröffnete die jüdische Gemeinde am 17. September 1999 eine Synagoge, wo nach liberalem Ritus Gottesdienst gefeiert wird.

Mit dem Nachzug von Familien der stationierten Soldaten wurde eine Schule notwendig. Am 9. September 1953 konnte der Neubau der Thomas A. Roberts School am Hüttenweg 40 eingeweiht werden. Benannt wurde sie nach Colonel Thomas Arnett Roberts, der am 4. August 1944 in der Normandie gefallen war. 1994/95 zogen hier die Biesalski-Schule für Körperbehinderte und die zweisprachige Quentin-Blake-Grundschule (staatl. Europaschule) ein. Die am 25. August 1965 eröffnete Berlin American High School (Gymnasium) in der Straße Am Hegewinkel 2a nutzt heute die Wilma-Rudolph-Schule (Integr. Sekundarschule mit Gymnasialer Oberstufe). Seit 1960 stand den Kindern der US-Soldaten auch die John-F.-Kennedy-Schule zur Verfügung, für die es – im Gegensatz zu deutschen Kindern – keine Wartezeiten gab.

Der Soldatenhörfunksender AFN (American Forces Network) sendete zunächst von der beschlagnahmten Villa Podbielskiallee 28 aus, die in den Jahren 1928 bis 1930 von Otto Rudolf Salvisberg errichtet worden war. 1967 kam das AFN-Fernsehen hinzu. 1979 bezog man einen Neubau in der Saargemünder Straße 24, direkt seitlich des US-Hauptquartiers. Ein Slogan von AFN lautete: »Enjoy Berlin, it's more than you ever imagine«. (»Genießen Sie Berlin, ist es weit mehr als Sie sich vorstellen.«) Doch damit war es nicht weit her – die US-Militärs blieben auch in ihrer Freizeit in Berlin meist unter sich, zumal sie eine auf sie zugeschnittene Infrastruktur vorfanden.

Die ehemalige US-Wohnsiedlung an der Clayallee wurde zum 1. Juni 2005 an die Apellas Property Management GmbH veräußert und in Parkviertel Dahlem umbenannt. Im Januar 2007 verkaufte Apellas einen Teil seiner 1.096 Wohnungen an die Gagfah. Sie sanierte die Miet- und Eigentumswohnungen. Außerdem errichtete man 60 Dachgeschossaufbauten im Penthousestil sowie 25 neue Doppelhäuser und Stadtvillen. In einigen Fällen führte die Modernisierungsumlage zu drastischen Mietsteigerungen, die einige Bewohner zum Auszug nötigten. Leider zeigte sich in einigen Fällen nach der Sanierung hartnäckiger Schimmel- und Feuchtebefall.

Als das US-Wohngebiet an der Clayallee nicht mehr erweiterungsfähig war, entstand zwischen 1960 und 1965 die sogenannte Sundgauer Family Housing Area im Bereich Sundgauer Straße. Die Siedlung zwischen Dahlemer Weg und Mühlenstraße besteht aus zwölf Mehrfamilienhäusern mit drei bis zwölf Stockwerken.

Da Armeeangehörige weiteren Bedarf an Wohnungen hatten, wurde 1967 der erste Bauabschnitt der Düppel Housing Area im Bereich der Charles-H.-King- und der Edwin-C.-Diltz-Straße gebaut. Die Straßennamen erinnern seit 1970 an zwei Luftbrückenpiloten, die am 25. Juli bzw. am 24. August 1948 abstürzten.

Mitte der 1970er Jahre wollten die Amerikaner ihre Siedlung südlich des Königsweges um 250 Wohnungen erweitern. Weil das Baugebiet am westlichen Rand des Landschaftsschutzgebietes Krummes Fenn liegt, wollten die Anwohner das Bauvorhaben kippen oder wenigstens auf das Gelände nördlich des Königsweges verlegen. (Dort entstand 1983 bis 1986 die Gartenstadt Düppel.) Eine Aktionsgemeinschaft sammelte im Sommer 1978 rund 12.000 Unterschriften und organisierte zwei große Demonstrationen. Außerdem stimmte die Zehlen-

Erweiterung und Modernisierung der ehemaligen US-Wohnsiedlung; links Flanaganstraße 11a (Neubau) und rechts die modernisierten Häuser, 2013.

dorfer Bezirksverordnetenversammlung geschlossen gegen das Projekt. Doch der US-Stadtkommandant war nicht bereit, eine Verzögerung hinzunehmen und untersagte deutschen Gerichten, bei Klagen gegen dieses Projekt tätig zu werden. Deshalb klagten die Gegner vor dem District Gericht in Washington. Dieses verhängte zwar einen vorübergehenden Baustopp, erklärte sich letztlich aber für nicht zuständig. Unterdessen hatten die Arbeiten längst begonnen. In ihrer Wut zerstörten Unbekannte 1978/79 immer wieder Bauzäune, Baufahrzeuge und Kabel. Doch die US-Militärverwaltung setzte das Bauprojekt auf Grundlage des Besatzungsrechts rücksichtslos durch, ohne sich mit den begründeten Einwänden auseinanderzusetzen. Die Wohnsiedlung liegt an der Lloyd-G.-Wells-Straße. Erinnert wird damit seit 1981 an einen Bordmechaniker der US-Luftwaffe, der bei einem Einsatz im Rahmen der Luftbrücke am 5. Dezember 1948 tödlich verunglückte.

Als weitere militärische Einrichtung konnte im Februar 1952 die Panzerkaserne Turner Barracks am Hüttenweg eingeweiht werden. Sie

Der große Saal im ersten Stock des Haupthauses im amerikanischen Hauptquartier wurde zu Ehren von US-Präsident John F. Kennedy »Kennedy-Saal« genannt. Er diente repräsentativen Empfängen der Stadtkommandanten.

erhielt den Namen des im Koreakrieg gefallenen Sergeanten Charles William Turner. Auf dem 2,83 Hektar großen Gelände am Waldrand befanden sich Unterkünfte, Technische Bereiche, Munitionsbunker und Stellplätze für die Panzer.

Auf dem ehemaligen Kasernengelände und auf dem Platz des Deutsch-Amerikanischen Volksfestes am Hüttenweg errichtete die Wohnungsgesellschaft Gehag 1999/2000 die beiden Wohnanlagen »Am Grunewald« und »Am Petersberg« mit insgesamt 213 Wohnungen in 19 Häusern.

Die 1978/79 für die US-Truppen gebaute Schwimmhalle am Hüttenweg 41–45 wurde 2010/11 für 3,1 Millionen EUR generalsaniert.

In den denkmalgeschützten Gebäuden des ehemaligen US-Hauptquartiers wurden unter dem Namen The Metropolitan Gardens hochwertige Eigentumswohnungen eingerichtet. Das Bauprojekt umfasst eine Geschäftszeile und Suiten zwischen 28 und 150 Quadratmetern Wohnfläche. Auch das ehemalige Casino und das Militärgericht dienen nun Wohnzwecken. In Planung sind Parkvillen und Maisonette-Wohnungen mit Garten- oder Dachterrassen.

Westlich des Dahlemer Weges im Winkel zur Bahnlinie legte die US-Army in den 1950er Jahren das »Steuben Compound« mit 15 Gebäuden und Gleisanschluss an. Hier war die Verwaltung für die Zivilangestellten und die US-Bauverwaltung. Im Januar 1993 räumten die US-Truppen das Gelände, auf dem sich seither verschiedene Firmen angesiedelt haben.

Den 22,66 Hektar großen Trainingsplatz Keerans Range am Kronprinzessinnenweg in Nikolassee neben der Avus nutzten die US-Truppen seit dem 2. Mai 1953. Das Gelände wurde seit dem Jahre 2000 renaturiert.

Am Stahnsdorfer Damm in Wannsee nahm die Versuchs-Anstalt für Handfeuerwaffen 1928 einen Schießplatz in Betrieb. Später folgten Erweiterungen für die olympischen Schießwettbewerbe der Sommerspiele 1936. Nach dem Zweiten Weltkrieg nutzte das US-Militär die offenen Bahnen und Schießhallen als Rose Range. Sie übergaben die Anlage am 12. Juli 1994 an die »Deutsche Versuchs- und Prüf-Anstalt für Jagd- und Sportwaffen e.V.«. Heute wird der Schießplatz von der Polizei, Jägern sowie von Sport- und Bogenschützen genutzt. Naturschützer und rund 4.000 betroffene Anwohner kritisieren diese Nutzung allerdings wegen der Lärmbelästigung. Schon der Maler Max Liebermann beklagte sich darüber, als er 1929 durch einen abgegebenen Schuss so einen Schreck bekam, dass er in die Staffelei stürzte. Außerdem ist der Boden dort mit schätzungsweise 30 bis 40 Tonnen Blei belastet.

Die Munitionsdepots der US-Army lagen am Hüttenweg im Jagen 92 und westlich der Revierförsterei Dachsberg im Jagen 14. Der Grunewald hat als militärisches Schießgelände Tradition. Westlich der heutigen Clayallee (zwischen Königin-Luise-Straße und Alliierten-Museum) befanden sich seit 1884/85 die Schießstände der Gardeschützen.

Auch das Verstärkeramt der Reichspost im Wasserkäfersteig 1 wurde von der US-Army beschlagnahmt. Hier richteten sie das Berlin-Document-Center ein, wo man über 20 Millionen Akten aus der Zeit des Nationalsozialismus aufbewahrte, die bei den Nürnberger Kriegsverbrecherprozessen eine wichtige Rolle spielten. Die Bestände umfassten u.a. die Mitgliederkartei der NSDAP (10,7 Millionen Daten), die Daten von 600.000 SS-Leuten und 200.000 SA-Männern und Akten des Volksgerichtshofs. Das Archiv war aber nicht öffentlich zugänglich.

Auskünfte wurden nur an Gerichte und Behörden erteilt, in Einzelfällen auch für Forschungszwecke.

Nach der Deutschen Einheit kopierten die Amerikaner die Bestände auf Mikrofilm, die Originale kamen ins Bundesarchiv. Das Gebäude des Berlin-Document-Centers wurde Ende Januar 1999 abgerissen und das frei gewordene Grundstück mit Stadtvillen bebaut.

Die Domäne Dahlem

Die Domäne Dahlem an der Königin-Luise-Straße 49 war ein Ritterlehnsgut, das über Jahrhunderte von verschiedenen Adelsfamilien bewirtschaftet wurde. Das Herrenhaus, dessen Ursprünge aus der Zeit um 1500 stammen, erhielt im 17. Jahrhundert seine heutige Gestalt. Das farbige Wappen von Willmerstorff-Hake mit der Angabe »Anno 1680« ist über dem Eingang von der Hofseite aus noch heute zu sehen. Den westlichen Anbau fügte Heinrich Schweitzer 1913/14 an.

Nachdem 1803 alle Dahlemer Bauern nach Schmargendorf umgesiedelt worden waren, wurde Dahlem ein reines Gutsdorf. Der letzte Besitzer des Gutes war der in Steglitz ansässige Carl Friedrich von Beyme. Seine Tochter verkaufte es 1841 an den preußischen Staat, wodurch es ein Staatsgut (= Domäne) wurde. Der Gutsbetrieb wurde Ende des 19. Jahrhunderts eingestellt und das Domänengelände 1902 zur Bebauung und Besiedelung freigegeben.

1949 ging die Domäne in das Eigentum der Stadt Berlin über. Zu Beginn der 1950er Jahre erbrachten 95 Kühe noch rund 1.300 Liter Milch pro Tag. 1973 stellte man den Verkauf von Milch ein, die bis dahin noch mit Pferdewagen ausgefahren wurde. Zum Jahresende 1976 löste man die unrentabel gewordene Domäne auf. Stattdessen entstand am 7. Oktober 1976 der private Verein »Freunde der Domäne Dahlem«, die den Gutshof als lebendiges Museum weiterführten. Das Herrenhaus wurde nach aufwändigen Restaurierungsarbeiten am 26. April 1989 als Museum eröffnet. Jährlich besuchen rund 220.000 Interessierte den Hof.

Das große Feld hinter dem Gutshof zwischen U-Bahn und Pacelliallee ist die letzte Freifläche Dahlems. Sie weckt immer wieder Begehrlichkeiten, dort Gebäude der Freien Universität oder Wohnhäuser zu bauen. Bereits im Dezember 1997 war ein damals umzäunter und be-

Das alte Gutshaus um 1900; den Erker links gibt es heute nicht mehr, das zugehörige Fenster ist zugemauert.

wachter Sendemast der Hörfunkstation AFN beseitigt worden. Nach Einstellung des Sendebetriebes wurde er nicht mehr gebraucht.

Die Freie Universität Berlin

Einige Studenten, die sich gegen die einseitige parteipolitische Ausrichtung der Humboldt-Universität gewandt hatten, wurden relegiert. So entstand in den Westsektoren die Idee, die »Freie Universität« (FU) zu gründen. Im Juni 1948 wurde ein studentischer Vorbereitungsausschuss für die Gründung einer freien Universität ins Leben gerufen und es konstituierte sich der »Vorbereitende Ausschuss zur Gründung einer freien Universität«. Daran waren Politiker, Professoren, Dozenten, Verwaltungsmitarbeiter und Studenten beteiligt.

Die amerikanische Militärregierung unterstützte das Vorhaben und überließ dem Gründungsausschuss das Gebäude des ehemaligen Kaiser-Wilhelm-Instituts für Biologie in der Boltzmannstraße 3 und das

Haus des ehemaligen Instituts für Anthropologie in der Ihnestraße 22. Noch vor der offiziellen Gründung am 4. Dezember 1948 begann am 15. November der Lehrbetrieb mit 128 Dozenten und 2.140 Studenten unter provisorischen Bedingungen. Man musste sich das Mobiliar zusammensuchen und in Ermangelung einer Universitätsbibliothek stellten die Hochschullehrer zunächst ihre Privatbibliotheken zur Verfügung. Auch der Mangel an Räumen und Finanzen erforderte immer wieder Improvisationsgeschick. Gründungsrektor war der renommierte Historiker Friedrich Meinecke, der damals schon 86 Jahre alt war. Er starb 1954 im Alter von 91 Jahren.

Der Universitätsbetrieb begann mit einer philosophischen, medizinischen, juristischen und wirtschaftswissenschaftlichen Fakultät. Obwohl seit 1949 etliche Gebäude der Kaiser-Wilhelm-Gesellschaft und Räume der früheren Biologischen Reichsanstalt in der Königin-Luise-Straße 17–25 genutzt werden konnten, mussten später etliche umliegende Häuser angemietet, 89 Villen sogar gekauft werden. Damit war der Standort der Universität auf Dahlem festgelegt. Die ständig wachsende Zahl von Fakultäten und Studenten erforderte aber auch Neubauten. So entstand mit finanzieller Unterstützung der Ford-Foundation in Höhe von mehreren Millionen US-Dollar zwischen 1951 und 1954 der Henry-Ford-Bau mit Universitätsbibliothek, Hörsaalgebäude und Auditorium Maximum in der Garystraße.

Das Studentendorf Schlachtensee an der Wasgenstraße 75 in Nikolassee gehört zur FU und entstand 1959 bis 1964. Finanziert wurde es durch eine Schenkung der Regierung der USA. Die Anlage bestand ursprünglich aus 27 Wohnhäusern, die sich um einen zentralen Platz gruppieren. Durch Erweiterungen 1977 bot das Dorf mehr als 1.000 Studenten Platz. Eine Sanierung und ein Umbau erfolgten 2006 bis 2009.

In den 1960er Jahren geriet die Ordinarienuniversität, zu der sich die Freie Universität entwickelt hatte, immer mehr in die Kritik. Die FU gehörte mit dem Studenten Rudi Dutschke zu den Zentren der Studentenbewegung in Deutschland. Besetzungen von Instituten und Störungen des Lehrbetriebs beeinträchtigte die Arbeitsfähigkeit der Hochschule. Zudem gab es antiamerikanische Proteste, weshalb die USA die finanzielle Förderung einstellte. Mit einer demokratisch geprägten Verwaltungsreform 1969 konnten schließlich viele Forderungen erfüllt werden.

Der 1954 eröffnete Henry-Ford-Bau mit Auditorium Maximum in der Garystraße.

Um sich räumlich etwas zu konzentrieren, entstand auf dem Obstbaugelände der Domäne Dahlem zwischen Fabeckstraße und Habelschwerdter Allee 1967 bis 1972 die sogenannte Rostlaube. Um den Villencharakter Dahlems nicht durch mehrgeschossige Universitätsgebäude zu stören, hat das schachbrettartig anlegte Gebäude mit der gewollt rostigen Fassade maximal drei Stockwerke. Die Belichtung erfolgt über kleine, begrünte Innenhöfe. Hier sind geisteswissenschaftliche Institute untergebracht. In einem zweiten Bauabschnitt entstand zwischen 1972 und 1979 der wegen der Aluminiumfassade Silberlaube genannte Bau, in dem 1983 auch die große Mensa eröffnet wurde.

Die Freie Universität wurde allmählich zu einer Massenuniversität. Von 14.787 Studenten im Sommersemester 1969 stieg die Zahl im Sommersemester 1992 mit 60.467 Studierenden auf einen Höchststand. Oft wusste man sich nicht anders zu helfen, als für viele Studiengänge den Numerus clausus einzuführen.

Die FU bietet heute über 100 Studiengänge in 15 Fachbereichen an. Sie schnitt 2007 in der Exzellenzinitiative des Bundes und der Länder in allen drei Förderlinien erfolgreich ab.

Neubau für die sogenannten kleinen Fächer an der Fabeckstraße 23–25, 2013.

Zwischen 2001 und 2005 entstand der Neubau der Philologischen Bibliothek an der Habelschwerdter Allee 45. Der britische Architekt Norman Foster entwarf eine freitragende kuppelartige Gebäudehülle, die die innere Baukonstruktion weit umspannt. Von oben gesehen erinnert die äußere Form an einen voluminösen, sanft gewölbten silbrig-glänzenden Tropfen, der in den Innenhof gefallen ist. Die Bibliothek hat eine Stellkapazität für 800.000 Bücher.

Wie bereits erwähnt wurden zwischen 1967 und 1979 auf dem Obstbaugelände der Domäne Dahlem zwischen Fabeckstraße und Thielallee Gebäude der FU errichtet. Auf der letzten Freifläche an der Fabeckstraße 23–25 wurde am 29. August 2012 der Grundstein für einen Neubau gelegt. Dort werden die sogenannten kleinen Fächer der FU unter einem Dach zusammengeführt. Die Fertigstellung des Gebäudes ist für Dezember 2014 geplant.

Als am 4. Februar 1952 die Veterinärmedizin gegründet wurde, bekam die neue Fakultät auf dem Gelände der Domäne Räumlichkeiten zur Verfügung gestellt. Später konzentrierte sich die Tiermedizin auf den Standort in Düppel.

ZEHLENDORF IM GETEILTEN BERLIN UND NACH DER WIEDERVEREINIGUNG

Exklaven, Mauern und Agenten

Mit der Bildung von Groß-Berlin 1920 wurde der neue Verlauf der Stadtgrenze festgelegt, die im Bereich des neu gebildeten Bezirks Zehlendorf besonders unübersichtlich war. Es gab Gebietsabspaltungen, sogenannte Exklaven, die wie Splitter jenseits der Stadtgrenze lagen. Die Entstehung dieser Exklaven hängt vermutlich damit zusammen, dass man bei Zahlung der Grundsteuer diese Gebiete den Gemeinden hinzurechnete, in denen die Eigentümer ansässig waren.

Zudem gab es Fast-Exklaven, die wie Halbinseln nach Berlin hinein- oder aus Berlin herausragten. Solange die Stadtgrenze nur eine Verwaltungsgrenze war, machte sie sich im alltäglichen Leben nicht bemerkbar. Aber nach dem Zweiten Weltkrieg kam es zu Komplikationen, da diese Exklaven nun in der sowjetisch besetzten Zone lagen, aber dennoch zum amerikanischen Sektor gehörten.

In Steinstücken siedelte sich 1817 eine Kolonie an, die ihren Namen nach einer alten Flurbezeichnung erhielt. 1860 zählte man fünf Wohn- und acht Wirtschaftsgebäude. 1937 hatte die Siedlung schon 270 Bewohner. Nach dem Zweiten Weltkrieg wurde Steinstücken Teil des amerikanischen Sektors, lag aber knapp einen Kilometer von Zehlendorf entfernt, zu dem es gehörte. Um vollendete Tatsachen zu schaffen, besetzten DDR-Volkspolizisten die Exklave am 18. Oktober 1951. Auf Druck der USA mussten sie sich vier Tage später wieder zurückziehen. Ende Mai 1952 riegelte die DDR Steinstücken vom Umland ab. Nur über einen von der DDR kontrollierten Verbindungsweg konnten die Bewohner ihre Siedlung betreten oder verlassen. Besucher, auch Lieferanten zum Beispiel, mussten eine Meldebescheinigung über einen Zweitwohnsitz in Steinstücken vorweisen. Kontrolliert wurden selbst Kinder auf dem Weg zur Schule. Nach dem Mauerbau wurde das Gebiet mit Stacheldraht hermetisch abgeriegelt und 1963/64 ebenfalls von einer Betonmauer umschlossen.

Obwohl Steinstücken zum amerikanischen Sektor gehörte, verwehrten DDR-Grenzposten dem US-Militär stets den Zutritt, weshalb

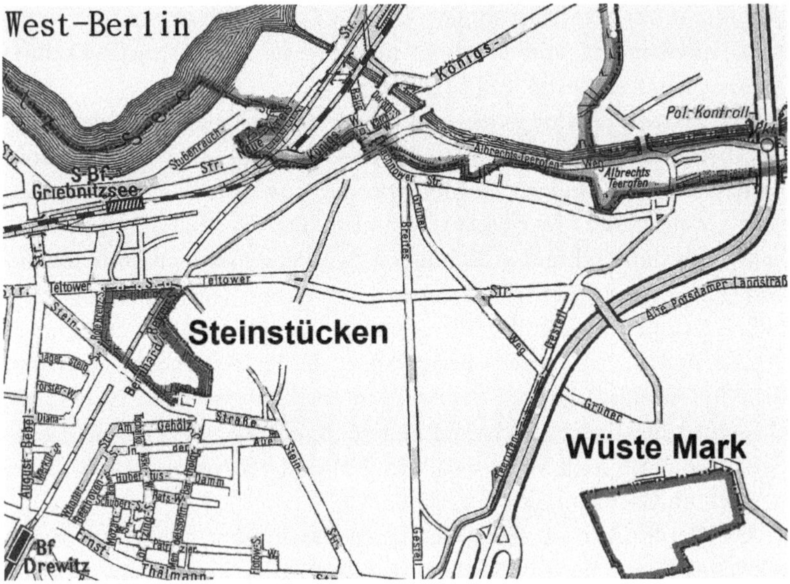

Die Lage der Exklaven Steinstücken und Wüste Mark.

US-General Clay am 21. September 1961 mit einem Hubschrauber in die Exklave flog. Er stationierte dort drei Soldaten. Seither nutzten Militärs und Mitglieder der Stadt- und Bezirksverwaltung immer wieder diesen Luftweg. An jene Zeit erinnert heute ein aus zwei Rotorblättern gebildetes kleines »Luftbrücken«-Denkmal auf dem bis Ende 1976 genutzten Landeplatz.

In einem Abkommen mit der DDR vereinbarte der Senat von West-Berlin im Dezember 1971 den Bau einer 1,2 Kilometer langen Verbindungsstraße, die am 30. August 1972 dem Verkehr übergeben wurde. Damit war die ehemalige Exklave über eine 100 Meter breite Schneise verkehrsmäßig mit Berlin verbunden, die rechts und links durch Grenzanlagen samt Mauer begrenzt wurde. Nun fuhr auch ein Bus der West-Berliner Verkehrsbetriebe regelmäßig dorthin. Doch bei der Energie- und Wasserversorgung blieb Steinstücken noch einige Jahre auf die DDR angewiesen. Im Jahr der Grenzöffnung 1989 bezogen noch zwölf Häuser Wasser aus dem Potsdamer Netz.

Nach dem Abbau der Grenzanlagen ab dem Frühjahr 1990 normalisierte sich das Leben. Man lebte verwaltungsmäßig in Berlin, räumlich aber in Potsdam. Der ungewöhnliche Grenzverlauf von 1972 ist bis heute unverändert, nun allerdings nur noch als administrative Landesgrenze zwischen Berlin und Brandenburg.

Die kleinen Siedlungsgebiete von Klein-Glienicke (ehemals DDR) westlich und östlich des Böttcherberges (Berlin-Zehlendorf) gehören zu Potsdam. Sie sind im Norden von der Königstraße und im Süden vom Griebnitzsee/Teltowkanal begrenzt. Der westliche und der östliche Arm der Siedlung umschließen den West-Berliner Böttcherberg von drei Seiten. Innerhalb des westlichen Armes lagen aber noch drei kleine Grundstücke an der Mövenstraße, an der Wilhelm-Leuschner-Straße und an der Luise-Nathan-Allee, die zu Zehlendorf gehörten, was den Grenzverlauf an der Stelle noch unübersichtlicher machte. Das wurde besonders nach dem Bau der Sperranlagen deutlich: Klein-Glienicke ragte nach West-Berlin hinein und war ringsum von scharf bewachten Grenzanlagen umgeben.

Die Parkbrücke im Zuge der Lankestraße über den Teltowkanal Richtung Süden nach Babelsberg war die einzige Verbindung zur Außenwelt. In allen anderen Himmelsrichtungen stand die Mauer. Ein Kontrollposten der DDR-Grenztruppen an der Brücke überprüfte alle Personen, die nach Klein-Glienicke wollten. Zugang hatten nur diejenigen, die dort wohnten. Dafür mussten sie einen besonderen Passierschein vorzeigen. Spontanbesuche bei Freunden oder Verwandten in Klein-Glienicke waren unmöglich. Treffen, z. B. Familienfeiern, mussten Monate im Voraus geplant und beantragt werden.

Besonders eifrige Bewohner hatten sich freiwillig zum sogenannten »Grenzsicherheitsaktiv« gemeldet. Sie achteten darauf, dass niemand den Grenzsperren zu nahe kam oder sich zu verdächtiger Zeit auf der Straße bewegte. Sie kontrollierten mitunter auch, ob Gartenleitern vorschriftsmäßig mit Ketten gesichert waren. Schließlich sollten Fluchtwillige keine geeigneten Hilfsmittel vorfinden, mit deren Hilfe sie über die Sperranlagen hätten klettern können. Dennoch gelang dort am 25./26. Juli 1973 neun Personen die Flucht durch einen selbst gegrabenen Tunnel. Tragisch endete dagegen die Flucht von Günter Wiedenhöft (geb. 1942), der in der Nacht vom 5. auf den 6. Dezember 1962 im Griebnitzsee ins Eis einbrach und ertrank. Seine Leiche wurde erst am 25. März 1963 von Grenzsoldaten entdeckt.

Am 15. November 1968 wurde der DDR-Grenzsoldat Rolf Henniger (geb. 1941) von dem 21-jährigen Wachtmeister der DDR-Volkspolizei

Eröffnung der neuen Verbindungsstraße nach Steinstücken, 1972.

Horst Körner erschossen. Körner hatte sich mit einer geladenen Maschinenpistole kurz vor der Brücke nach Klein-Glienicke hinter einem Baum versteckt, um nach West-Berlin zu flüchten. Als er sich entdeckt sah, eröffnete er das Feuer auf Henninger. Daraufhin streckte dessen Begleiter Körner mit mehreren Feuerstößen aus einer MP nieder. Die DDR feierte Rolf Hennigers Heldenmut, der einen »verbrecherischen Anschlag auf den Sozialismus und den Frieden« vereitelt habe. Der Irrwitz der Zeitgeschichte war permanent gegenwärtig.

Die West-Berliner Kleinst-Enklaven in Klein-Glienicke mit einer Fläche von nur ca. 0,3 Hektar wurden im Rahmen eines Gebietsaustausches 1971 an die DDR übergeben. Die Drewitzer Nuthewiesen liegen südlich der Nuthestraße. Ein Areal von 3,64 Hektar dieser Wiesen gehörte bis zum Gebietsaustausch von 1971 zu West-Berlin. Die unbewohnte und ungenutzte Exklave lag etwa im südlichen Winkel zwischen Nuthestraße und kreuzender Bahnlinie zwischen den Bahnhöfen Drewitz und Rehbrücke.

Die 21,8 Hektar große Wüste Mark hatte der Zweckverband Groß-Berlin 1915 gekauft, um das Gelände der Bodenspekulation zu entziehen und für die Naherholung zu erhalten. Nach 1945 lag das Areal jenseits der Sektorengrenze. Dessen ungeachtet pachtete der Zehlendorfer Landwirt Wendt aus West-Berlin 1959 den Acker für den Getreideanbau. Als 1961 die Grenzen geschlossen wurden, war damit vorerst Schluss. Erst ab Oktober 1965 konnte Wendt durch besondere Vereinbarungen mit der DDR seine Felder über die Grenzkontrollstelle Dreilinden-Drewitz wieder erreichen. Dabei musste er mit seinen langsamen landwirtschaftlichen Fahrzeugen ein Stück auf der Autobahn fahren. Die Situation war in zweifacher Hinsicht einzigartig: Wendt dürfte damals der einzige Bauer in ganz Deutschland gewesen sein, der mit einem Traktor über eine Autobahn tuckern durfte. Zusätzlich war er wohl der einzige Bauer, der seinen Hof im Westen hatte, aber einen Acker jenseits der Mauer bewirtschaftete.

Die Exklave war unbewohnt und weder bewacht oder eingezäunt noch von einer Mauer umgeben. Um den Acker herum waren lediglich rot-weiß gestrichene Grenzpfähle aufgestellt, mit der viersprachigen Aufschrift: »Grenzgebiet / Betreten und befahren verboten«. Als im Rahmen eines Gebietsaustausches die Wüste Mark am 1. Juli 1988 an die DDR fiel, konnte der Landwirt diese Fläche nicht mehr bewirtschaften. Erst nach dem Fall der Mauer nahm der Betrieb diesen Acker wieder in Besitz. Heute gehört er zur Gemeinde Stahnsdorf.

Albrechts Teerofen im Ortsteil Wannsee war eine Fast-Exklave. Das Gebiet ist im Norden, Osten und Süden von brandenburgischem Gebiet umschlossen und ragt wie eine schmale Halbinsel in das Nachbarland hinein. Nur über das »Kremnitzufer« gibt es einen Anschluss an das Berliner Straßennetz.

Durch Albrechts Teerofen verlief seit 1940 die Trasse der heute als A 115 bezeichneten Autobahn. Südlich des Zehlendorfer Kleeblatts hatte sie zunächst einen anderen Verlauf. Unmittelbar hinter der Stadtgrenze führte sie westlich der heutigen Strecke mehr als drei Kilometer wieder durch DDR-Gebiet, bevor auf der Brücke über den Teltowkanal erneut ein etwa 150 Meter breiter Streifen West-Berliner Gebiets begann.

Nach Errichtung der Grenzanlagen 1961 diente der Streckenabschnitt nur noch dem Transitverkehr zwischen der Bundesrepublik und West-Berlin und der Einreise in die DDR.

An der südlichen Grenze stand der DDR-Grenzkontrollpunkt. Auf dem schmalen West-Berliner Streifen befanden sich bis 1969 der alliierte Kontrollpunkt Checkpoint Bravo, Kontrollstellen von West-Ber-

Alte Trasse der Autobahn innerhalb von Albrechts Teerofen, im Hintergrund die Mauer, die das Gebiet hier von drei Seiten umgibt, um 1985.

liner Polizei und Zoll sowie eine Autobahnraststätte. Um die unübersichtliche Situation zu beseitigen, baute die DDR etwas weiter östlich einen neuen Autobahnabschnitt unter Umgehung von Albrechts Teerofen und legte die alte Trasse still. Die alte Autobahnbrücke über den Teltowkanal mit einigen Markierungen des Checkpoints ist immer noch vorhanden, die Fahrbahn der alten Autobahn blieb über Jahrzehnte erhalten und wurde nach dem Fall der Mauer noch gelegentlich für Filmaufnahmen verwendet. Bis auf den Abschnitt an der Brücke entfernte man den Belag vor ein paar Jahren und renaturierte die Trasse.

1969 wurde dann die Autobahn auf die heutige Trasse verlegt, die sich vollständig auf DDR-Gebiet befand. Die Anlage des Kontrollpunktes Dreilinden-Drewitz auf West-Berliner Seite mit Abfertigungsgebäuden, Raststätte, Tankstelle und Brückenhaus (Zollstelle) entstand zwischen 1968 und 1972 nach Plänen von Rainer Rümmler und Hans Joachim Schröder.

Die alte, mächtige, aber funktionslose Autobahnbrücke wurde später zu Mauerzeiten als Zeltplatz genutzt.

Die West-Berliner Seite der Glienicker Brücke, 1962.

Die Glienicker Brücke

Die Glienicker Brücke erlangte durch den Austausch von Agenten weltweite Berühmtheit. Ihre Geschichte begann jedoch wesentlich profaner: Nach zwei hölzernen Pfahlbrücken (1663, 1777) erbaute Schinkel in den Jahren 1831 bis 1834 eine Brücke aus rotem Backstein mit elf steinernen Bögen und einem Durchlass in der Mitte, dessen Fahrbahn für den Schiffsverkehr hochgeklappt werden konnte. Im Zusammenhang mit dem Bau des Teltowkanals entstand schließlich zwischen 1905 und 1907 das heutige 146 Meter lange Bauwerk als Kaiser-Friedrich-Brücke.

Die im April 1945 von der Wehrmacht gesprengte Brücke konnte am 19. Dezember 1949 wieder für den Verkehr freigegeben werden. Die DDR, genauer gesagt das damalige brandenburgische Kabinett, nannte sie von diesem Tag an »Brücke der Einheit«. Nach dem Mauerbau wurde auf West-Berliner Seite ein Schild mit folgender Inschrift angebracht: »Glienicker Brücke. Die ihr den Namen ›Brücke der Einheit‹ gaben, bauten auch die Mauer, zogen den Stacheldraht, schufen Todesstreifen und verhinderten so die Einheit«. Der Name wurde erst am 9. Februar 1990 auch von Potsdamer Seite offiziell getilgt. Die Amerikaner nutzen ohnehin die Bezeichung »Freedom Bridge«. Aber schon seit dem 26. Mai 1952 war sie ausschließlich für den Verkehr der Alliierten von und nach Potsdam geöffnet. Zwischen dem 1. Juni 1952 und dem 13. August 1961 konnte sie von Zivilisten nur mit Sondergenehmigung passiert werden.

Außerdem wurden 1962, 1985 und 1986 in der Brückenmitte, die die Grenze zwischen Berlin (West) und der DDR bzw. zwischen Berlin und Potsdam bildete, Spione ausgetauscht oder Dissidenten in den Westen entlassen. Seit 1985 konnten auch in der DDR akkreditierte Diplomaten die Brücke benutzen. Erst mit dem Fall der Mauer wurde die Brücke am 10. November 1989 um 18 Uhr wieder für den unbeschränkten Verkehr geöffnet.

Heute ist die Brücke Teil der von der Unesco zum Weltkulturerbe erklärten Potsdamer Kulturlandschaft. Am 5. Januar 1998 kam eine Sondermarke mit dem Motiv der Glienicker Brücke heraus.

Streiflichter durch das Baugeschehen

Im Jahre 1943 hatte Zehlendorf 94.900 Einwohner. Im Juli 1945 war die Zahl auf 59.300 zurückgegangen. Das brachte allerdings keine Entlastung auf dem angespannten Wohnungsmarkt, denn viele Berliner drängten aus der zerstörten Innenstadt nach Zehlendorf, wo man sich ein Dach über dem Kopf erhoffte. So lag 1954 die Zahl der Einwohner bei 97.300. Am 31. Dezember 2012 lebten in Zehlendorf 100.059 Menschen.

Zehlendorf gehörte zu den Berliner West-Bezirken mit reichlich Baulandreserven. So wurden zwischen 1950 und 1956 dort 5.482 neue Wohnungen gebaut. Stellvertretend für die größeren Projekte sei die Siedlung Zehlendorf-Süd erwähnt, die zwischen 1954 und 1964 von der Gehag und der Hilfswerk GmbH in zwei Bauabschnitten errichtet wurde. Die Siedlung nach Plänen des Architekten Wolfgang Dommer entstand nördlich von Schönow im Bereich Lupsteiner Weg, Breitensteinweg, Sachtlebenstraße, Nieritzweg und Andrézeile mit einem kleinen Geschäftszentrum am Ladiusplatz. Zu der Wohnanlage gehören rund 2.000 Mietwohnungen, 37 Einfamilien-Reihenhäuser und 15 Einfamilienhäuser. Sie folgt exemplarisch der in den 1950er Jahren

Auf dem undatierten Luftbild ist der Teltowkanal gut zu erkennen, am unteren Bildrand Schönow und der Teltower Damm, Norden ist rechts. In der Bildmitte das Neubaugebiet Zehlendorf-Süd.

folgenden Vorstellung von einer gestreuten, aufgelockerten Anordnung. In den 1990er Jahren wurden einige Wohnzeilen aufgestockt und am Südrand bauliche Ergänzungen vorgenommen.

Zur Ausstattung der Neubaugebiete zählen auch Kirchen. Die ersten beiden neuen Gotteshäuser nach dem Zweiten Weltkrieg realisierten die katholischen Gemeinden »Zu den Heiligen Zwölf Aposteln« in der Wasgenstraße 49 (Weihe: 29. Juni 1954) und »St. Otto« in der Heimat 67 (Weihe: 24. April 1955). Nicht weit entfernt, in der Heimat 24, nahm die evangelische Gemeinde »Zur Heimat« ihre Kirche am 2. Juni 1957 in Dienst. Für den 1955 ausgegliederten Gemeindeteil wurde am 2. September 1961 die Stephanus-Kirche in der Hochbaumstraße 78

Die am 2. Juni 1957 eingeweihte Kirche zur Heimat mit dem frei stehenden Glockenturm.

eingeweiht. Kennzeichnend sind der 16-eckige Grundriss und das hohe Spitzzelt als Dach.

Schon am 22. Mai 1961 hatte Bischof Otto Dibelius die Kirche Schönow mit dem charakteristischen Sattel- oder Zeltdach und dem transparenten Glockenturm in der Andreezeile 21/23 eingeweiht.

Am 1. Januar 2000 fusionierte die Kirchengemeinde Schönow mit der Gemeinde Am Buschgraben. Die Gemeinde war 1972 durch Ausgliederung aus der Gemeinde »Zur Heimat« entstanden.

An der Ludwigsfelder Straße 30 wurde 1965 ein Gemeindezentrum eröffnet, dessen variabler Mehrzwecksaal auch für Gottesdienste genutzt werden kann. Nach der Fusion mit Schönow übernahm im Februar 2001 die griechisch-orthodoxe Gemeinde St. Georgios das frei gewordene Gebäude.

Nachdem die evangelisch-lutherische St. Mariengemeinde 1961 selbstständig geworden war, weihte sie am 18. Februar 1973 ihre neue Kirche in der Riemeisterstraße 10–12 ein.

Im Februar 1949 bezog der einstige Breker-Schüler Bernhard Heiliger Teile des Ateliers von Arno Breker und das angrenzende »Hausmeisterhaus«. Hier lebte und arbeitete er bis zu seinem Tod 1995. Seit 1996 sind diese Räume Sitz der Bernhard-Heiliger-Stiftung, die dort eine ständige Ausstellung zur Kunst nach 1945 plant. Das Gebäude selbst, das dem Land Berlin gehört, war schon im Juni 1990 unter Denkmalschutz gestellt worden. Das Hauptatelier wurde seit den 1960er Jahren von verschiedenen Künstlern, unter ihnen Wolf Vostel, genutzt.

Der damalige Senatsbaudirektor Werner Düttmann ließ 1966/67 auf dem Baugrund des Wohnhauses von Arno Breker das Brücke-Museum errichten. Es widmet sich der Sammlung und Ausstellung von Werken der expressionistischen Künstlervereinigung und konnte mit einer Schenkung des Malers Karl Schmidt-Rottluff begründet werden. Auf dem Gelände einer Gärtnerei an der Clayallee 330 konnte im Juni 1967 ein Hallenbad eröffnet werden. Von Anfang an mit Baumängeln behaftet, musste es Anfang Mai 2002 geschlossen und abgerissen werden. Ein privater Investor eröffnete 2008 an gleicher Stelle das Einkaufszentrum Zehlendorfer Welle, wo es einen Fitness-Club mit einem 25-Meter-Schwimmbecken gibt.

Anfang der 1970er Jahre gab es die Vorstellung von einer autogerechten Stadt. Geplant war, den Autoverkehr auf der Bundesstraße 1, die zum Grenzübergang Dreilinden führte, flüssiger werden zu lassen. Daher plante man einen Autotunnel an der Kreuzung Clayallee/Teltower Damm, ähnlich dem Tunnel in Lichterfelde. Das hätte den Abriss von Gebäuden erfordert und durch das Zehlendorfer Zentrum wäre eine gigantische Autotrasse gezogen worden. Es gab erheblichen Protest der Zehlendorfer, in deren Verlauf sich 1974 die Wählergemeinschaft Unabhängiger Bürger (WUB) gründete. Bei den Wahlen zur Bezirksverordnetenversammlung am 2. März 1975 erreichte die WUB auf Anhieb 12,9 Prozent. Der Tunnel kam nicht und wirklich vermisst hat ihn wohl kaum jemand. Die WUB löste sich 2001 auf.

Die Rudolf Steiner Schule (freie Waldorfschule) bezog 1949 in zwei Dahlemer Bunkern Quartier. 1968 standen erste Erweiterungsbauten zur Verfügung, 1976 konnte man das Grundstück Auf dem Grat 1–3 erwerben. Es kam zu mehrfachen Erweiterungen, doch die Dahlemer reagieren empfindlich, wenn die bevorzugte Lage ihrer Villen eine – tatsächliche oder gefühlte – Wertminderung erfährt. Das bekam auch die Rudolf Steiner Schule zu spüren. Die hatte im Herbst 2004 mit der Genehmigung des Bezirksamts begonnen, ihre Schule an der Clayallee um ein eingeschossiges Gebäude zu erweitern. Weil das aber nur zehn

Meter von den Nachbargrundstücken entfernt liegt, klagten die Anwohner – mit Erfolg: Der Bau durfte nicht bezogen werden, die Schüler mussten in Containern unterrichtet werden. Erst durch Vermittlungsbemühungen des ehemaligen Regierenden Bürgermeisters Eberhard Diepgen konnte ein Vergleich gefunden werden, über den selbstverständlich Stillschweigen vereinbart wurde.

Sieben Stadtvillen mit 38 Eigentumswohnungen entstanden 1999/2000 an der Roonstraße 5–7. Das rund 11.000 Quadratmeter große Grundstück wurde bis Ende 1998 vom Tennisclub »Zehlendorfer Wespen« genutzt. Zu den neueren Bauten zählt auch ein Bauobjekt, das zwischen 1998 und 2003 auf Schwanenwerder realisiert wurde. Hier war die Villa Bruno Pauls in der Inselstraße 16 im Jahre 1971 abgerissen worden. Wo einst General Clay während der Blockade wohnte, schuf die Würth-Gruppe eine Berlin-Repräsentanz. Sie ist weltweit im Großhandel mit Produkten der Befestigungs- und Montagetechnik tätig. Das futuristisch wirkende Würth Haus Berlin entstand nach Plänen von Müller-Djordjevic und der Architektengruppe Planstadt Simon + Westendorf. Neben dem Haupthaus baute man ein Hausmeisterhaus, ein Teehaus und ein Bootshaus. Die Baukosten betrugen rund 1,8 Millionen Euro. Das verwilderte Grundstück gestalteten Landschaftsarchitekten neu. Durch die Hanglage des Grundstücks gliedert sich der abfallende Garten mit Treppenanlagen in drei unterschiedlich nutzbare Ebenen, die zum Teil Höhenunterschiede von bis zu 13 Metern aufweisen.

Eine weitere Luxusvilla auf Schwanenwerder mit Wohn-, Gäste- und Bootshaus sowie Pool entstand an der Inselstraße 34. Es wurde 2009 von Privatleuten auf dem 10.000 Quadratmeter-Grundstück errichtet. Der Entwurf des Berliner Architekturbüros Graft stieß wegen des futuristischen Stils und der Länge (90 Meter) auf Kritik.

Auf dem 83.000 Quadratmeter großen Gelände des Kinderheims Don-Bosco in Wannsee begann am 28. Januar 2008 der Aushub der ersten Baugruben für die »Wannseegärten«. Das Kinderheim in der Straße zum Löwen 11 wurde am 31. März 2005 geschlossen. Geplant sind dort Einfamilien-, Reihen-, Doppel- und Hofhäuser mit 165 Wohneinheiten. Auf einem Parkplatz an der Königin-Luise-Straße 13 in Dahlem entstanden 2012/13 zehn Wohneinheiten teilweise im Maisonette- und Penthouse-Stil. Das benachbarte ehemalige Institut für Anatomie an der Königin-Luise-Straße 15 steht leer und wird seit 2008 vom Lie-

Haupteingang des Don-Bosco-Heims, 1981.

genschaftsfond angeboten. In der Königin-Luise-Straße 100 sind zwei Villen geplant. Im Frühjahr 2011 war Baubeginn für das Zehlendorfer »Königsquartier«. Der Berliner Projektentwickler Diamona & Harnisch baute auf dem 9.000-Quadratmeter Grundstück Königstraße 40 fünf Stadtvillen mit 43 Wohnungen. Wer heute durch Zehlendorf streift, kann Neubauarbeiten in verschiedenen Vierteln auf Einzelgrundstücken oder freigeräumten Arealen beobachten. So ist z. B. am Urselweg 15 ein in sich abgeschlossenes Wohngebiet – »Urban Village« – mit 40 Townhouses im Bau.

Das diplomatische Viertel in Dahlem

Die erste Botschaft, die in Dahlem ihren Sitz hatte, nutzt ihr Gebäude noch heute. 1939 zog Thailand in die um 1914 erbaute Villa in der Podbielskiallee 1. Thailand war im Zweiten Weltkrieg neutral. Trotzdem wurde das Gebäude mehrfach beschädigt. Die Reichsregierung finanzierte den Einbau eines Luftschutzbunkers, der auch den Anwohnern

Die Residenz des thailändischen Botschafters, 2013.

zur Verfügung stand. Diesen Umstand nutzte der Journalist Wolfgang Harich, der 1944 vom Militärdienst desertierte, untergetaucht in Berlin lebte und sich später in der thailändischen Botschaft versteckte. Harich war über sein Versteck gar nicht so unglücklich, denn er war der Tochter des Botschafters Nong Yau Chutin sehr zugetan. Anfang Mai 1945 bekam der spätere Historiker Wolfgang Leonhard den Auftrag, Harich aufzusuchen, um ihn zur Aufbau- und Mitarbeit in der Kommunistischen Partei zu bewegen. Harich wurde später Professor für Philosophie, kam in Konflikt mit der Staats- und Parteiführung der DDR und war deswegen von 1957 bis 1964 inhaftiert. Er starb 1995.

Das Gebäude stand dann lange leer und wurde von 1974 bis 1983 als Pflegeheim genutzt. Dann kamen die Thailänder zurück, renovierten das Haus und unterhielten dort seit 1985 ein Generalkonsulat. Im August 1999 eröffnete Thailand ein neues Botschaftsgebäude in der Steglitzer Lepsiusstraße. Das alte Gebäude in Dahlem wurde 1997/98 zur Residenz des thailändischen Botschafters umgebaut.

Nach dem Zweiten Weltkrieg siedelten sich die ersten Konsulate in Dahlem an. Dazu gehörte die »Österreichische Delegation«, die von 1952 bis 1990 in der Hittorfstraße 14 (Bj. 1914) ansässig war. In den 1960er Jahren kamen Argentinien, Bolivien und Chile mit ihren Konsulaten hinzu. Bis 1990 hatten insgesamt 13 Staaten ihre diplomatischen Vertretungen zeitweilig in Dahlem, je zwei weitere Standorte gab es in Zehlendorf und in Nikolassee. Später richtete sogar die Sowjetunion ein Generalkonsulat am Reichensteiner Weg 34/36 ein.

1991 wurde Berlin wieder Hauptstadt des wiedervereinigten Deutschlands und etliche Staaten verlegten ihre Botschaften oder Residenzen nach Dahlem.

Diplomatische Standorte in Dahlem und Zehlendorf

Land	Adresse	Ortsteil	Gebäude	Status
Äquatorial Guinea	Rohlfsstraße 17	Dahlem	vorhanden	Botschaft
Benin	Englerallee 23 (seit 2006)	Dahlem	vorhanden	Botschaft
Dänemark	Podbielskiallee 34	Dahlem	vorhanden (1926)	Residenz
Finnland	Matterhornstraße 42	Schlachtensee	vorhanden (1921)	Residenz
Ghana	Flanaganstraße 8	Dahlem	vorhanden	Botschaft
Indien	Podbielskiallee 62	Dahlem	vorhanden	Residenz
Indonesien	Pücklerstraße 20 A	Dahlem	vorhanden	Generalkonsulat
Irak	Pacelliallee 19–21	Dahlem	vorhanden	Botschaft
Iran	Podbielskiallee 65–67	Dahlem	Neubau (2005)	Botschaft
Kanada	Podbiekskiallee 6–8	Dahlem	Neubau (2000)	Residenz
Libanon	Spechtstraße 19	Dahlem	vorhanden	Botschaft
Libyen	Podbielskiallee 42	Dahlem	vorhanden	Botschaft
Myanmar (Burma)	Thielallee 19	Dahlem	vorhanden	Botschaft
Oman	Clayallee 82	Dahlem	Neubau	Botschaft
Sri Lanka	Niklasstraße 19	Zehlendorf	vorhanden	Botschaft
Sudan	Hechtgraben 6	Dahlem	vorhanden	Residenz
Thailand	Podbielskiallee 1	Dahlem	vorhanden	Residenz
USA	Clayallee 170	Dahlem	vorhanden	Konsularabteilung
USA	Finkenstraße 21	Dahlem	vorhanden (1922)	Residenz
Zypern	Auf dem Grat 6	Dahlem	vorhanden	Residenz

Die Residenz des indischen Botschafters, 2003.

Im Haus Podbielskiallee 62, in dem sich heute die Residenz des indischen Botschafters befindet, war von Februar 1946 bis zum August 1950 die nationalchinesische Militärmission untergebracht. Vom 3. Oktober 1951 bis zum 11. Juli 1997 war das Meterologische Institut der FU hier tätig. Die Residenz des Botschafters von Kanada in der Podbielskiallee 6/8 wurde von der Architektin Marina Stankovic geplant und 2000 fertiggestellt. Es gab dort ein freies Grundstück, weil die Villa, die zuvor auf dem Gelände gestanden hatte, abgebrannt war. In ihr hatte Cecilia Freifrau vom Heiligensee gewohnt. Sie starb 96-jährig an einer Rauchvergiftung, als sie versehentlich einen fünfarmigen Kerzenleuchter umstieß.

Der Irak erwarb 2010 das Haus Semmel von 1925/26 in der Pacelliallee 19/21 als Botschaftsgebäude. Die Anlieger betrachteten die Botschaft aber als Gefahr. Einer von ihnen stellte im April 2010 vor dem Verwaltungsgericht vergeblich einen Eilantrag, um die Nutzung des Gebäudes als Botschaft untersagen zu lassen. Ein Nachbar befürchtete: »Wenn es hier zu einem Schusswechsel kommt, bleiben die Kugeln doch nicht im Gartenzaun stecken.«[19]

Der Botschafter des Königreiches Marokko residiert im ehemaligen Wohnhaus des Generals Lucius D. Clay, dem Kommandeur der US-amerikanischen Besatzungszone und Initiator der Luftbrücke (Im Dol 46/48).

Der Iran kaufte 2000 das Anwesen Podbielskiallee 65/67 und verlegte das Generalkonsulat dorthin. Es wurde später zur Botschaft aufgewertet. Neben dem Altbau (Bj. 1909) wurde am 16. Februar 2005 ein dreigeschossiger Neubau mit islamisch-orientalischen Elementen eröffnet. Das Dach ist mit einer Glaskuppel gekrönt, unter der sich ein Konferenzsaal und das Büro des Botschafters befinden.

Im Haus Podbielskiallee 42 (Bj. 1914) war von 1969 bis zum 23. März 2005 das Ostasiatische Institut der Freien Universität untergebracht. Seither residiert hier die Botschaft von Libyen. Es wurde schon darauf hingewiesen, dass Max Schmeling in den 1930er Jahren dort wohnte.

Im gediegenen Dahlem ließen sich auch zahlreiche Prominente nieder, worauf schon ausführlich eingegangen wurde. Nicht alle Adressen sind bekannt – aus gutem Grund. Aber man sieht von Zeit zu Zeit die Limousinen durch Dahlem rauschen oder einen auffällig-unauffälligen Wachschutz vor einer Villa. Bundespräsident Joachim Gauck zog am 17. Juli 2012 von seiner Schöneberger Privatwohnung in der Nymphenburger Straße 3 in die Dienstvilla Pücklerstraße 14 um. Bis zur Fertigstellung des Bundeskanzleramtes im Mai 2001 wohnte Gerhard Schröder in dem Haus.

Der hochbetagte Alt-Bundespräsident Richard von Weizsäcker wohnt gut bewacht in der Meisenstraße 6. Seine Nachbarin war die 1997 verstorbene Schauspielerin Camilla Spira (Meisenstraße 4). Die Villa Miquelstraße 66 (Bj. 1912) war als Amtswohnsitz des Bundestagspräsidenten vorgesehen. Doch Wolfgang Thierse blieb lieber in seinem Kiez in Prenzlauer Berg wohnen und überließ das Haus dem damaligen Bundespräsidenten Johannes Rau.

Nicht nur die Berliner Innenstadt, auch ein Außenbezirk wie Zehlendorf unterliegt einem ständigen Wandel. Die Geschichte wird weiter gehen und wir sind gespannt auf die vor uns liegende Epoche.

ANHANG

Anmerkungen

1 Zit. nach Wyrwa, Ulrich: Das alte Dorf. In: Geschichtslandschaft Berlin. Orte und Ereignisse, Band 4. Zehlendorf. Berlin 1992, S. 13 f.
2 Ebd., S. 16.
3 Berlinische Nachrichten von Staats- und gelehrten Sachen. In der Haude- und Spenerschen Zeitungs-Expedition. Zit. nach: 750 Jahre Zehlendorf 1242–1992. Vom Lehniner Klosterhof zum Grünen Bezirk. Ausstellungsmagazin. Hrsg. vom Museumspädagogischen Dienst Berlin und dem Bezirksamt Zehlendorf. Berlin 1992, S. 24.
4 Zit. nach Henning, Eckart: Nikolassee. Berlin 2007, S. 10.
5 Schenkel, Sabine: Die weiße Rose Preußens. Das Leben der Charlotte von Preußen, Kaiserin von Russland. 1798–1860. Norderstedt 2008, S. 183.
6 Zit. nach: Kaak, Heinrich: Gut Düppel. Die Hubertushäuser. In: Engel, Helmut/Jersch-Wenzel, Stefi/Treue, Wilhelm (Hg.): Geschichtslandschaft Berlin. Orte und Ereignisse, Band 4. Zehlendorf. Berlin 1992, S. 64.
7 Vgl.: Gesetz Nr. 3233: »Gesetz, betreffend die Ablösung von Reallasten und die Regulierung der gutherrlichen und bäuerlichen Verhältnisse«, erlassen von König Friedrich Wilhelm am 2. März 1850.
8 »Zeitung für die elegante Welt« vom 26.–28.9.1822.
9 Rühmann, Heinz: Das war's. Frankfurt/M., Berlin 1982, S. 138, 159.
10 Dieses und das folgende Zitat: Sauerbruch, Ferdinand: Das war mein Leben. München 1951, S. 419.
11 Zit. nach Henning, Eckart: Nikolassee. Berlin 2007, S. 36.
12 Ebd., S. 28.
13 Zit. nach: Reinke, Wilhelm W./Simon, Christian: Berliner Gräber. Berlin 2000, S. 40.
14 Das Bild gehörte später dem Dresdener Bankier Victor von Klemperer. Als Jude floh er mit seiner Familie 1938 nach Rhodesien. Seine umfangreiche Kunstsammlung wurde von der Staatspolizeileitstelle Dresden beschlagnahmt. Das Gemälde war lange Zeit ver-

schollen, bis es 2005 für 323.500 Euro im Auktionshaus der Villa Grisebach in Berlin versteigert wurde.

15 Machule, Dittmar: Die Kameradschaftssiedlung der SS in Berlin-Zehlendorf – eine idyllische Waldsiedlung? In: Faschistische Architekturen. Planen und Bauen in Europa 1930 bis 1945, hrsg. v. Hartmut Frank, Hamburg 1985, S. 255.

16 Höhne, Heinz: Canaris. Patriot im Zwielicht. München 1984, S. 429.

17 Sandvoß, Hans-Rainer: Widerstand in Steglitz und Zehlendorf. Berlin 1986 , S. 34.

18 Klepper, Jochen: Unter dem Schatten deiner Flügel. Aus den Tagebüchern der Jahre 1932–1942. Stuttgart 1956, S. 1133.

19 Vorbringer, Anne/Doering, Martina/Brennberger, Iris: Angst vor Klein-Bagdad. In: Berliner Zeitung vom 23.4.2010.

Quellenverzeichnis

750 Jahre Zehlendorf 1242–1992. Vom Lehniner Klosterhof zum Grünen Bezirk. Ausstellungsmagazin. Hrsg. vom Museumspädagogischen Dienst Berlin und dem Bezirksamt Zehlendorf. Berlin 1992.

Balkow-Gölitzer, Harry/Biedermann, Bettina/Reitmeier, Rüdiger/Riedel, Jörg: Eine noble Adresse. Prominente in Dahlem und ihre Geschichten. Berlin 2005.

Bauakte Inselstraße 7 (Landesarchiv Berlin: B Rep. 212, Nr. 2123).

Berliner Adressbücher, 1897–1943.

Döscher, Hans-Jürgen: Das Auswärtige Amt im Dritten Reich. Diplomatie im Schatten der Endlösung. Berlin 1987.

Ellerbrock, Wolfgang: Mönche, Fischer und Bürger. 100 Jahre Landhauskolonie Schlachtensee. Berlin 1995.

Engel, Helmut/Stefi Jersch-Wenzel/Wilhelm Treue (Hrsg.): Geschichtslandschaft Berlin. Orte und Ereignisse, Band 4. Zehlendorf. Berlin 1992.

Fiand, Alexandra: Die Geschichte Düppels von 1950 bis 1990. Seine Entwicklung zum Standort der Veterinärmedizin. Dissertation 2002, S. 9–16: http://webdoc.sub.gwdg.de/ebook/diss/2003/fu-berlin/2002/185/, Stand: 9.7.2013.

Förster, Andreas: Operation Rehkeule. In: Berliner Zeitung vom 19.8.2008.

Gärtner, Martin/Grunert, Heino/Keim, Christiane: Baudenkmale in Berlin. Bezirk Zehlendorf, Ortsteil Zehlendorf. Denkmaltopographie Bundesrepublik Deutschland. Hrsg. vom Landesdenkmalamt Berlin. Berlin 1995.

Görtz, Franz Josef/Sarkowicz, Hans: Heinz Rühmann 1902–1994. Der Schauspieler und sein Jahrhundert. München 2001.

Heidenfeller, Gabriele: From Duppel to Truman Plaza. Die Berlin American Community in den Jahren 1965 bis 1989. Hamburg 1998.

Henning, Eckart: Nikolassee. Berlin 2007.

Herzberg, Heinrich/Rieseberg, Hans Joachim: Mühlen und Müller in Berlin. Düsseldorf 1987.

Höfferer, Christina/Kloner, Andreas: Eine Schauspieler-Dynastie. Die Lange Nacht der Familie Hörbiger. Hörfunksendung von Deutschlandradio Kultur vom 11.4.2009.

Jeschonnek, Friedrich/Riedel, Dieter/Durie, William: Alliierte in Berlin 1945–1994. Ein Handbuch zur militärischen Präsenz der Westmächte. Berlin 2002.

Hoffmann, Gerhard: Die Fischerhütte am Schlachtensee. Berlin 2007.

Höhne, Heinz: Canaris. Patriot im Zwielicht. München 1984.

Klepper, Jochen: Unter dem Schatten deiner Flügel. Aus den Tagebüchern der Jahre 1932–1942. Stuttgart 1956.

Kuby, Erich: Die Russen in Berlin 1945. Bern/München 1965.

Machule, Dittmar: Die Kameradschaftssiedlung der SS in Berlin-Zehlendorf – eine idyllische Waldsiedlung? In: Faschistische Architekturen. Planen und Bauen in Europa 1930 bis 1945, hrsg. v. Hartmut Frank, Hamburg 1985.

Max-Planck-Gesellschaft (Hg.): Berichte und Mitteilungen 3/93.

Neueste Mittheilungen, Berlin. Ausgabe vom 16.6.1885.

Rach, Hans-Jürgen: Die Dörfer in Berlin. Berlin 1988.

Reinke, Wilhelm W./Simon, Christian: Berliner Gräber. Berlin 2000, S. 40.

Rühmann, Heinz: Das war's. Frankfurt/M./Berlin 1982.

Sandvoß, Hans-Rainer: Widerstand in Steglitz und Zehlendorf. Berlin 1986.

Sauerbruch, Ferdinand: Das war mein Leben. München 1951.

Schenkel, Sabine: Die weiße Rose Preußens. Das Leben der Charlotte von Preußen, Kaiserin von Russland. 1798–1860. Norderstedt 2008.

Schulz, Rainer/Eckerl, Michael: Archäologische Landesaufnahme der Funde und Fundstellen in Berlin. Berlin 1987.

Von Seldeneck, Lucia Jay/Huder, Carolin/Eidel, Verena: 111 Orte in Berlin, die man gesehen haben muss. Köln 2011.

Simon, Christian: Ausländische Einrichtungen in Berlin. Standorte, Funktion und innerstädtische Verflechtung. Unveröffentlichte Staatsexamensarbeit. Berlin 1991.

Simon, Christian: Lexikon Steglitz-Zehlendorf. Geschichte – Gebäude – Geographie. Berlin 2004.

Simon, Christian: Hauptstadtbauten in Berlin. Berlin 2005.

Simon, Christian: Wo sie ruhen. Führer zu den Gräbern bedeutender Persönlichkeiten in Berlin und Umgebung. Berlin 2009.

Simon, Christian: Berlin Grotesk. Die Mauer im absurden Alltag einer Millionenstadt. Berlin 2011.

Simon, Christian: Steglitz. Zwischen Idylle und Metropole. Berlin 2012.

Simon, Christian/Holtz, Wolfgang/Kaufhold, Enno/Wiedenmann, Gottfried: Das Stadtparkviertel in Steglitz. Berlin 2013.

Stoltzenberg, Dietrich: Fritz Haber. Chemiker, Nobelpreisträger, Deutscher, Jude. Weinheim 1998.

Teltower Kreisblatt, Berlin. Jahrgänge 1864 bis 1896.

Trumpa, Kurt: Zehlendorf in der Kaiserzeit. Berlin 1985.

Vorbringer, Anne/Doering, Martina/Brennberger, Iris: Angst vor Klein-Bagdad. In: Berliner Zeitung vom 23.4.2010.

Wellmann, Marc: Geschichte des Ateliergebäudes Käuzchensteig 8–12: http://www.bernhard-heiliger-stiftung.de/d_html/atelier.html, Stand: 9.7.2013.

Wetzel, Jürgen: Zehlendorf. Geschichte der Berliner Verwaltungsbezirke Bd. 12. Berlin 1988.

Willen, Susanne: Die Dreipfuhl-Siedlung in Dahlem. Hrsg. von der Unteren Denkmalschutzbehörde Steglitz-Zehlendorf und dem Landesdenkmalamt Berlin. Berlin 2007.

Wyrwa, Ulrich: Das alte Dorf. In: Geschichtslandschaft Berlin. Orte und Ereignisse, Band 4. Zehlendorf. Berlin 1992.

Internetquellen

Zu den Seniorenresidenzen siehe: http://www.jura.fu-berlin.de/studium/lehrplan/projekte/hauptstadtfaelle/faelle/baurecht/seniorenresidenz/Seniorenresidenz__Sachverhalt_.pdf?1337610921, Stand: 9.7.2013

Zu Nikolassee, Schlachtensee und Zehlendorf-West siehe die Beiträge von Henning Schröder auf www.schroederniko.de, Stand: 9.7.2013

Abbildungsverzeichnis

Anszu: 19

Archiv Christian Simon: 17, 33, 36 (r.), 51, 55, 63, 78, 83, 90, 95, 96 (l.), 115, 117, 119, 123, 125, 127, 132, 135, 140, 142, 149, 151, 155, 163, 165

Archiv des Verlags: 22, 23, 25, 27, 88, Umschlagrückseite (2. u. 3. v. o.)

Bezirksamt Steglitz-Zehlendorf von Berlin, Pressestelle: 35, 104

Bundesarchiv: 59 (183-H09160, Fotograf: Bruno Waske)

Freudenfett, Fridolin: Umschlagvorderseite (o. r.)

Heimatverein Steglitz, Fotosammlung: 15 (01315A), 20 (00331), 43 (Pk-597), 66 (00434), 158 (05430)

Holtz, Wolfgang: Umschlagvorderseite (u.), 26, 111

Landesarchiv Berlin 11, 40 (Fotograf: Stefane Jacob), 41 (Fotograf: Willy Kiel), 45 (Fotograf: Johann Willa), 61 (Fotograf: Karl-Heinz Schubert), 67, 85 (Fotograf: Horst Siegmann), 91 (Fotograf: Ingeborg Lommatzsch), 106 (Fotograf: Reuter, Oltmann), 107 (Fotograf: Ingeborg Lommatzsch), 118 (Fotograf: Edmund Kasperski), 122 (Fotograf: Gert Schütz), 138 (Fotograf: Willi Nitschke), 139 (Fotograf: H. Urban), 153 (Fotograf: Bert Sass), 156 (Fotograf: Bert Sass), 162

Prinz von Preußen Grundbesitz AG: 143

Sammlung Jörg Becker: 8, 24, 29, 36 (l.), 38, 39, 46, 49, 52, 65, 68, 71, 75, 77, 79, 81, 96 (r.), 99, 103, 109, 112, 121, 146, 148, 159

Savin, A: Umschlagrückseite (o.)

Times: Umschlagrückseite (u.)

Waack, Ulrich: 13

Zimmermann, Matthias: Umschlagvorderseite (o. l.)

Sollten trotz sorgfältiger Nachforschungen nicht alle Rechteinhaber korrekt ermittelt worden sein, so bitten wir um Mitteilung an den Verlag.

Danksagung

Wir bedanken uns für Auskünfte und Informationen bei der Botschaft von Österreich und von Thailand sowie bei dem Sekretariat der Japanologie des Ostasiatischen Seminars der FU.

Der Autor

Christian Simon, geboren 1960 in Berlin, studierte Geografie, Politologie und Grundschulpädagogik an der Freien Universität Berlin. Promotion mit einem Berlin-Thema an der Technischen Universität Berlin, tätig als Stadtführer sowie Autor und Verleger von Berlin-Literatur.

BERLINS NOBLER SÜDWESTEN

Christian Simon

Steglitz

Zwischen Idylle und Metropole

168 Seiten
über 90 Abbildungen
Paperback
ISBN 978-3-8148-0246-6
22,– € [D]

Um 1900 schwärmte ganz Berlin für die vor den Toren der Stadt gelegenen Orte Steglitz, Lichterfelde und Lankwitz. Verschlafene Dörfer wurden mit einem Mal zu beliebten Villenkolonien, die in der ersten Hälfte des 20. Jahrhunderts auch Politiker wie Karl Liebknecht und Wilhelm Pieck, Schriftsteller wie Franz Kafka und Schauspieler wie Henny Porten anzogen.

Das Buch erzählt die Geschichte eines Stadtteils, der bis heute großstädtisches Flair mit ländlichem Charme vereint. Fundiert erzählt und mit zahlreichen historischen und aktuellen Abbildungen.

Harry Balkow-Gölitzer u. a.

Prominente in Berlin-Wannsee und ihre Geschichten

312 Seiten, 187 Abbildungen,
Paperback
ISBN 978-3-8148-0146-9
19,90 € [D]

Als gegen Ende des 19. Jahrhunderts die Landgemeinde Stolpe mit den Villenkolonien »Alsen« und »Wannsee« zur Gemeinde Wannsee zusammengeschlossen wird, ist im Süden Berlins ein Vorort entstanden, der all das bietet, was Berliner zum Wohlfühlen brauchen: Wasser, Wald und Villen. Auch die Eingemeindung 1920 in den Bezirk Zehlendorf beeinträchtigt den guten Ruf mitnichten, im Gegenteil: Wer etwas darstellt in Berlin, der lässt sich gern in Wannsee nieder.